DER UNTERGRUND VON PARIS

Ort der Schmuggler, Revolutionäre, Kataphilen

Günter Liehr + Olivier Faÿ

パリ 地下都市の歴史

ギュンター・リアー＋オリヴィエ・ファイ 著

古川まり 訳

東洋書林

✴パリ　地下都市の歴史

■目次

■図版出典

◉ Olivier Faÿ: 12, 14, 19-26, 44（右/左上・下), 50, 52（左下/右下), 54, 57, 65, 66, 75-82, 90, 91, 108, 131, 132, 134, 135（下), 136, 137, 184, 185, 187, 188, 196（上), 197-200, 203-210, 213（右下), 217, 219, 222, 225, 227, 228, 231 ◉ Günter Liehr: 122, 123, 170（下）◉ Emmanuel Gaffard: 68（左上・下）◉ Leclerc-Giraud: 193 ◉ Stella AG Hamburg: 162

***

Archiv Ingmar Arnold: 172, 173 ◉ Archiv der Autoren: 13, 29,33, 93, 95, 111, 158, 192, 220, 221, 226 ◉ Archiv des Verlages: 14, 47, 51, 52（左上/右下), 57, 61, 72, 115, 118, 126, 192（下), 201, 202 ◉ Archiv der Sradt Paris (Pavillion de l' Arsenal): 40（下), 42（左中), 60, 62, 68（下), 114, 117, 120, 168, 172, 180-183 ◉ Archiv der Bergbauhochschule Ecole des Mines de Paris: 212, 213（上), 214（右）◉ Arcive der Abwasserfirma Les Égouts de Paris: 130, 140, 141, 143, 145（右上/左・右下), 148, 149, 151 ◉ Archiv der Untergrundbehöede Inspection Générale des Carrières: 102, 103, 106, 166 ◉ Archiv der Verkehsbetriebe RATP: 194, 195 ◉ Archiv der Wasserwerke SAGEP: 133, 135（上)

***

Sammlung Ammanuel Gaffard: 154（上）◉ Sammlung C. Hunguet: 59（右), 89, 97, 98, 100, 101（上), 107, 115, 213（左下）◉ Privatsammlung: 63, 71, 84, 86-88 ◉ Historische Bibliothek der Stadt Paris: 37, 39, 40（上), 55, 59（左), 101（下), 119, 121, 129, 154（下), 157, 177, 178, 196（下), 214（左), 215, 216 ◉ Nationalbibliothek Paris, Sammlung Nadar: 105, 145（左上)

■凡例

・註は、★を原註、☆を訳註とし、本文中の［　］内に置いた。
・引用文献については、本文初出部に出典を明記し、巻末に本書掲載頁を付記した一覧を設けた。

✴はじめに――地下に潜む不穏

パリの地下にはなにやら不思議が隠されている。

この事実に初めて気づいたのは、パリのマスコミの間で奇妙な話が続けて報道された一九八〇年代のことだ。「石畳の下の夜会《ソワレ》」とか、「秘匿されたパーティーや密儀」といった見出しをよく目にした。そこには、洞窟のような石室の薄明かりの中で、シャンパンを楽しんでいる若者たちの写真も掲載されていた。ともあれそれは確かに、当時、パリの上流階級の若者たちがときどきはやらせた奇怪《ビザール》なモードのひとつに違いなかった。

最近では、パリの高級住宅街の若者たちも、どうやら別の場所でのお楽しみにご執心のようで、地下の乱痴気騒ぎも下火となり、マスコミではあまり騒がれなくなった。だが、一度気になりはじめると、新聞を読むたび、なにかいわくありげな記事が目にとまるようになるものだ。……突然ひび割れたアパートの壁、なんの予兆もなく崩壊した建物、陥没した道路、など。モンパルナスのある建物の地下室にいきなり大穴が空き、住民が避難しなければならなくなったこともあった。あるいは、モンマルトルの丘の地盤が不安定なため、観光バスの乗り入れが禁止された、とか。……このような小さなニュースの数々によって、私はパリの地下に隠された秘密へと導かれていった。

一九九四年には、マチューという大学生が、ガールフレンドを連れて十六区の地下に侵入した、という報道もあった。懐中電灯を手に、カップルで高級住宅街の地下に降りたのはいいのだが、電灯をもっていたマチューが、深さ十五メートルもの大穴に転落してしまったのだ。ガールフレンドは、真っ暗闇の中、石造りの町のはらわたから言い出さなくてはならなかった。おそらく泣きながら、怒りながら、うめきながら、闇をさまよったことだろう。一方のマチューは、暗い穴の中で次第に希望を失っていった。ガールフレンドが出口にたどり着くまで二日かかり、マチューは、日頃エッフェル塔にのぼった自殺希望者などを救出している消防特別隊GREP《ジェ・エール・ウ・ペ》に救出された。奇跡的に、彼は擦り傷程度の怪我しかしていなかった、という。

　このようなニュースはすべて、パリの奥深くに潜む秘密の空間の存在に一瞬の光を当てるようなものだった。

　そこに、なにがあるのか。

　「パリの地下には、洞窟や地下道などで構成された、もうひとつの都市が存在する」という想像は、不気味であり、魅力的である。このテーマについて詳しく調べれば調べるほど、驚きは大きくなっていく。パリの地下に存在する空間がいかに巨大であり、いかにそれが波乱に満ちた都市の歴史と密接に結びついているか、ということがわかってくるからだ。パリを「光り輝く都市」とイメージしていた頃と違い、地下都市に関する知識が増えれば増えるほど、パリ像も変わっていくのである。

　ヴィクトル・ユゴー（1802〜1885）も、長編小説『レ・ミゼラブル』の中で述べている。

　パリの地下は、表面を透視できるとしたら、巨大な緑石のように見えるであろう。古い大都会が身を横たえている周囲二十四キロメートルの土の塊には、水門や水路が、海綿の穴にも劣らないほどたくさんついている。

［☆ユゴー『レ・ミゼラブル』第五部第二編一。以下、同書の引用は邦訳（ヴィクトル・ユゴー文学館第2〜4巻、辻昶訳、潮出版社、2000）より］

　ユゴーは、ありがたいことにパリの内奥について非常に詳しい記述を残している。この年降りた都市が、これまでこのような穴だらけの地盤の上に、決して静かに乗っていたわけではなく、決して安閑と時を重ねてきたわけでもない、という事実自体、不穏な話ではある。ユゴーはいう。

　パリは、地下に恐ろしい穴倉をかかえこんでいることをおぼろげながら知っていた。［☆第五部第二編三］

問題含みの地盤の上に建てられている、という主題は、繰り返しパリの歴史に登場するものだが、実はパリっ子たちも数百年前からそのことを知っており、複雑な気持ちを抱きつづけていたのではないだろうか。

「緑石」と呼ぼうが、「恐ろしい穴倉」と呼ぼうが、あるいは、アラン・シフルが『パリジャン』の中でいったように「いく本もの触手をもつ巨大な生き物」と呼ぼうが、彼ら、そして彼女らは、とにかく「地下の世界」を思い出させられるたびに神経質になる。パリっ子たちは自分たちの足下に棲んでいる「巨大なタコ」の名を呼ばなくてもすむように、あえて気楽を装い、あたかも、自分たちの町が宙に建てられているかのような顔をしているのだ。

ぐらぐらとゆれる穴だらけの地盤、不安定な環境……すべてが安全志向の善良な市民を落ち着かなくさせるようなホラーばりのシナリオだ。

だがそれは、パリ考古学者や都市伝説マニア、大都市の暗部に惹きつけられる人々にとっては、非常に魅力的な事実である。

彼らは誰も、アスファルトの下、美しいイルミネーションによって輝く大都市のはらわたの中には、日常あまりかかわりたくないような機能が隠されている、ということを漠然と知っている。邪魔なもの、食欲を損なうようなものはすべて地下へ捨てられ、あるいは密かに隠されている。とはいえ、実見できないものほど、多くの想像をかき立てるものである。そして往々にして、忌まわしい物事は、すべて地下に投影されるものだ。乱交パーティー、陰謀、不気味な集会、黒ミサ。当然、そこは「死」の場所でもある。石油も出るかもしれない。それとも下水道《エグ》にはワニが棲んでいるのか。

こういったことを調べはじめると、得てしていろいろな憶測にぶつかるものだが、その反面、学ぶことも多い。地上の都市の本質は、地下を見ずしてつかむことはできないのだ。地下聖堂、トンネルや防空壕などには、忘れ去られた文明のごみ、埋められた瓦礫《がれき》、文明の痕跡、史実を語る廃石が堆積しており、また、過去の殉教者、悪魔、魔物などの浮かばれない魂が徘徊している。そして、それらはどれも、別に消滅したわけではない。シロアリの巣のようなパリの地下には、こうした歴史の跡が明らかに残っており、今でも訪問することは可能なのだ。

もちろん、興味深い地下を有する大都市はパリだけではない。だが、パリの「地下《スーテラン》」だけは、特に人々の注目を浴び

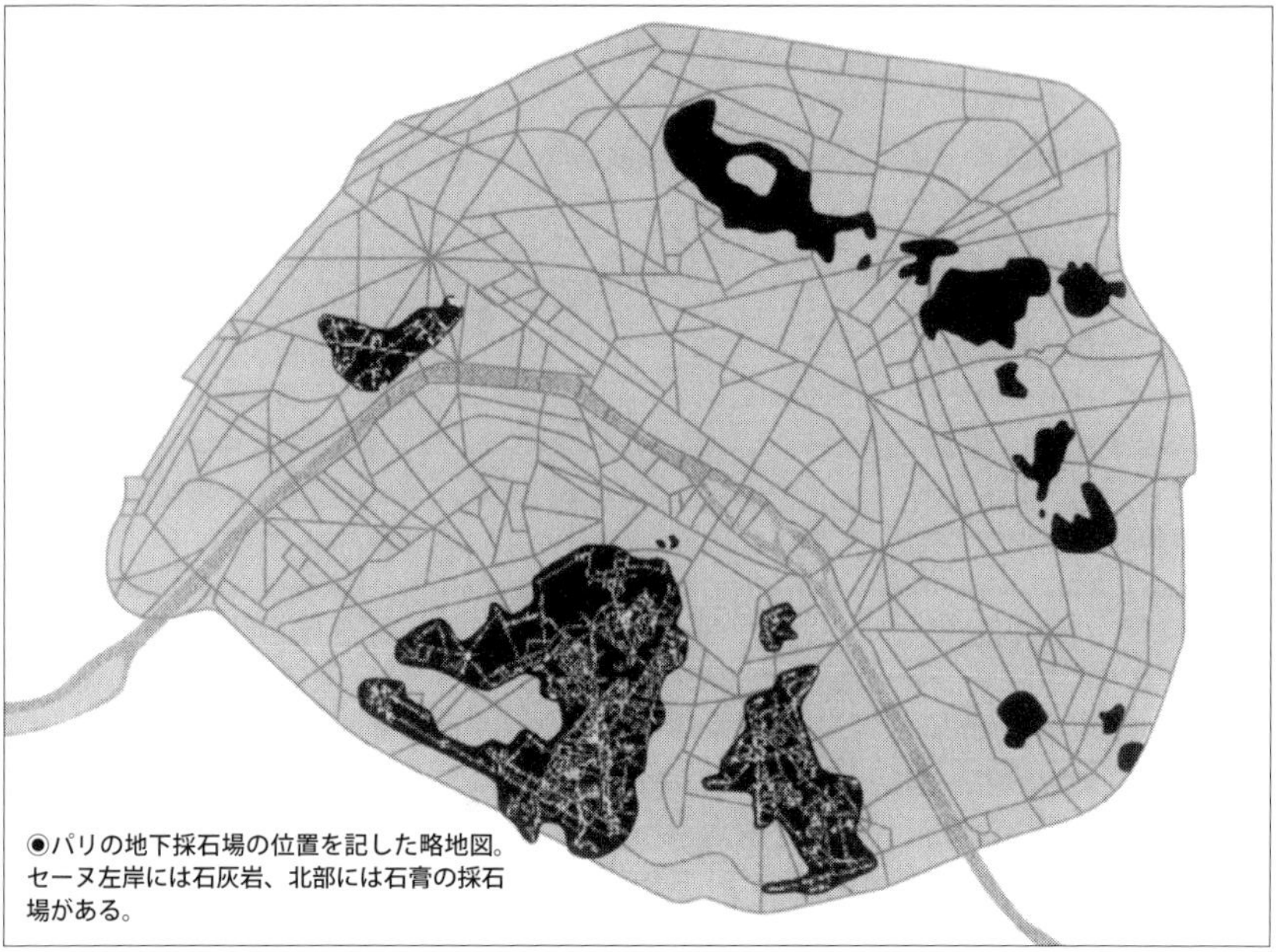

◉パリの地下採石場の位置を記した略地図。セーヌ左岸には石灰岩、北部には石膏の採石場がある。

ている。それはなぜか。他の都市にはないなにが、パリにはあるのだろう。

まず、非常に特異なのは、パリの地下の複層的な構造だろう。地下鉄（メトロや首都圏高速鉄道ＲＥＲ〔エール・ウ・エール〕）、土管、下水道といった、どの都市にもあるような地下網のほかに、パリの地下には「採石場《カリエール》」があるのだ。これは非常に特殊な例だろう。アスファルトの下、深さ約三十五メートルのあたりに、非常に細かく枝分かれした坑道網が存在する。南は石灰岩、北は石膏と、この町の建材の大半は、地下で採れたものなのだ。

こうした採石場は「カタコンブ」と呼ばれることもあるが、厳密にいうとそれは誤りである。本当のカタコンブは、このトンネル網のごく一部で、十九世紀末にパリ市民三十世代分の遺骨を収納した部分に過ぎないからだ。この地下の納骨堂――すなわち正確な意味でのカタコンブ――には、六百万人から七百万人分の遺骨が眠っている。

この巨大なカタコンブについては、客観的に、また冷静に取り組めるはずもないが、同様に、パリにおける数々の事象にしても、想像を絶するものが多い。

それはパリ自体が、単なる都市であるばかりか、ひとつの

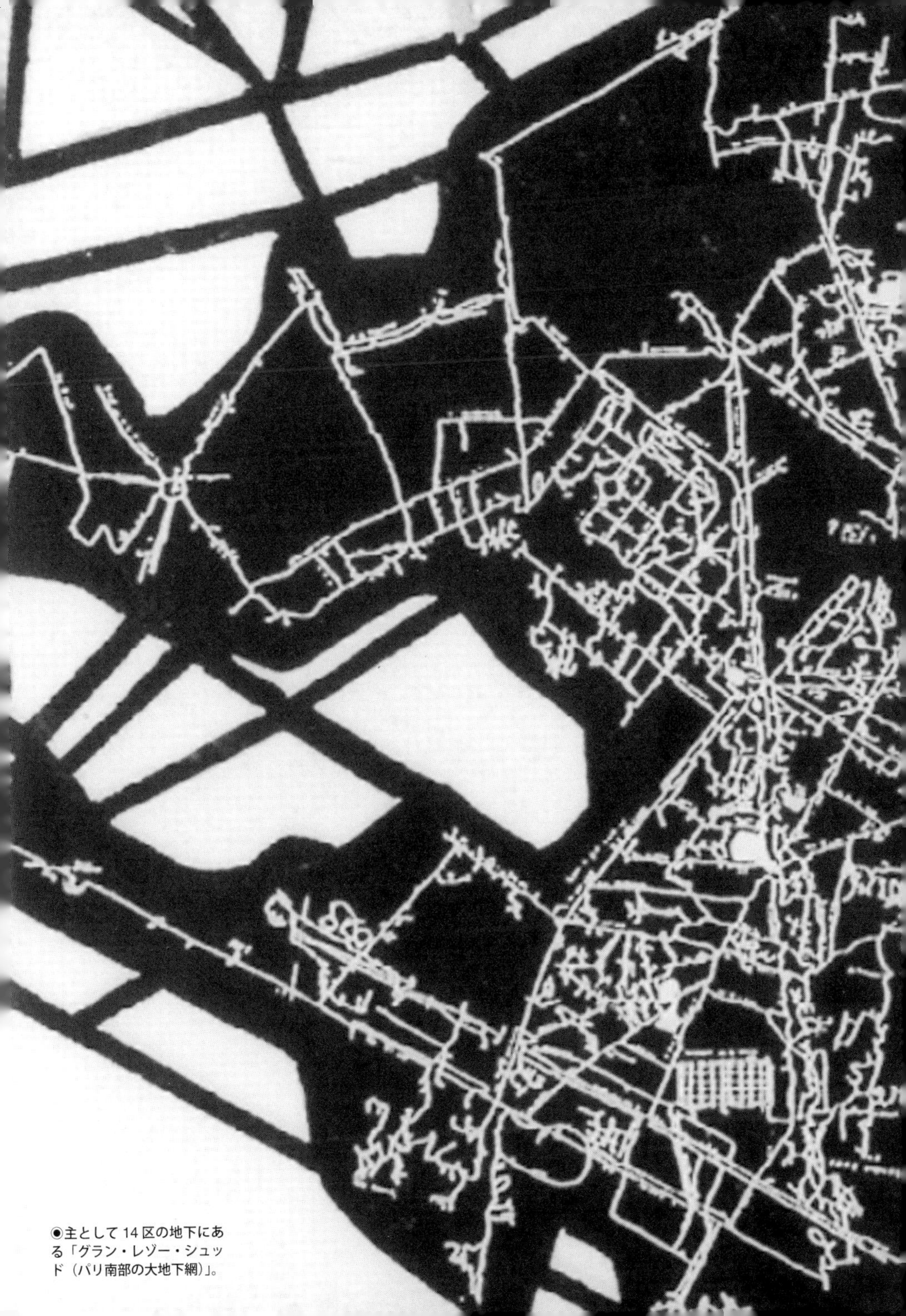

◉主として 14 区の地下にある「グラン・レゾー・シュッド（パリ南部の大地下網）」。

神話だからである。特にフランス革命以来、パリは政治的にも文化的にも先駆的な指標として、世界精神の実験室とみなされ、また、贅沢とモードの中心地とされてきている。ハインリヒ・ハイネも「パリはフランスの首都であるばかりでなく、文明世界の首都である」と言い残している［☆ハイネ（1797〜1856）は後半生の二十五年間をパリで過ごしている］。もちろん、ハイネはフランスの首都に芸術的な造形物と神聖な巡礼地の中間を見出した移民であった、ということもできよう。だが、地元出身のヴィクトル・ユゴーも決して謙虚ではない。彼はいう。

◉パリの地下の断面図。古い採石場は、地表から20メートル前後の下水道や地下鉄よりもさらに深い場所にある。

モデル都市パリ、世界の国民が一所懸命にまねしようとしている完全な首都のひな型（……）。［☆『レ・ミゼラブル』第五部第二編一］

これは、パリを礼賛する数多くの声の中から選んだ例である。だが、私はその合唱に参加するつもりはない。ここで示したかったのは、いかにこの町の描写や評価に、現実と神話的なものが入り混じっているか、という事実である。

　そして地下もまた、パリの神話に貢献しているのだ。パリを舞台とした歴史小説には地下世界が頻繁に登場するが、これは多くの潜在的な不安や願望を反映している。周知の通り、地下は悪魔たちの棲処である。地下通路、トンネル、洞穴、秘められた迷路などによって、文字通り土台を蝕まれている都市は、場合によっては公的秩序の敵にも侵食されているのではないか？　事実は伝説や噂や空想と混じりあい、人々の集合意識を形成している。

　哲学者で精神分析学者でもあるフェリックス・ガタリ［☆ピエール＝フェリックス・ガタリ（1930～1992）］も、パリの地下に関する神話の積極的な力について語っている。カタコンブについては、自ら訪れようと思ったことはないが、人々の噂から、独自のイメージを抱いていた、という。

カタコンブとは、意識以前の裏の世界に隠れ、落とし穴や防壁などに秘密を守られ、大量の陰謀者やミュータントが棲息する場所だった。

もうひとり、仕事柄、地下に大きな関心をもっていたのは、ナダールという名でパリの「上下界」を撮って知られるようになった、写真家のフェリックス・トゥルナションであろう。

地下世界に広がっていた、（写真家にとって）無限の活動分野は、地上のそれに比べても、まったく劣るものではなかった。私は最も深く、最も奥に隠れている洞穴の秘密を明かそうと、地下に侵入していった。

初めてパリの地下に降り立った後、彼はこう述べているのだ。

深遠な秘密の魅力は今も消えていない。

ナダールに続いて、私たちも地下世界に降りてみようではないか［☆気球愛好家でもあるナダール（1820～1910）は、世界初の航空撮影を行っている。地下撮影の詳細は、第4章の「『黄泉の国』への訪問」を参照］。

◉カタフィル——地下に魅せられ降りていく、カタコンブ・洞穴の愛好家。

✴第1章　最初の冒険

■洞窟探検家と共に

ある晴れた十月の土曜の午後、私ははじめてパリの地下へ探検に出かけることにした。ジルとオリヴィエというふたりのスペシャリストは、町の南端のモンスリ公園の入口で私を待っていてくれた。青い作業服、リュックサック、ゴム長という彼らのいでたちは、一見下水工事の作業員のようだが、これは、どんなモードや流行にも関係はなく、いわば自らを「カタフィル（地下愛好家）」と呼んでいる特殊な一団の制服のようなものだ。

公園では子供が遊んでいる。ベンチには人々が座り、おしゃべりをしたり、本を読んでいる。アヒルが池でえさを探している。のどかな場所だ。ここから地下に潜るのだろうか。……カタフィルの仲間は楽しそうに手招きをする。私といえばやや不安な気持ちになっている。こののどかなオアシスから離れてしばらく歩くと、ランジス広場に出た。パリの中でもさびれた場所だ。小さな、しばらく前から使われていない貨物駅がある。その廃駅のさびついた鉄柵に向かって歩いていく。門がきしみながら開かれると、雑草のおいしげった敷地に入りこんだ。得体の知れないごみが散乱している。一九三四年に廃線になったプティット・サンチュール鉄道［★一八五一〜六七年に建設。ごく一部はRER（エール・ウ・エール＝首都圏高速鉄道）に組みこまれたが、大半は放置されている］の古い線路づたいに歩いていく。周りの町にすっかり忘れ去られたこの路線は、まっすぐに緑の中を突っ切っている。まるで自然に奪還された文明の痕跡のようだ。ぬるぬるとすべる枕木をまたぎながら、さび付いた線路を飲みこむ真っ暗なトンネルの前についにたどりついた。

暗闇に入る寸前、私の同伴者は洞穴学者たちに定番のヘッドランプを装着した。なかなかの壮観である。私がもっているのは、スーパーで購入したちゃちな懐中電灯にすぎない。……まあ、いいか。私は、カタフィルたちに憐れみをもって「観光客《ツーリスト》」と呼ばれている人種に属しているのだから。

トンネルの中はカビの臭《にお》いがする。入口両側の隅には、人間が滞在していた跡が見られる。ダンボール箱、腐敗したマットレス。おそらく、ときどきここで野宿している路上生活者《クロシャール》のものだろう。もちろん、ドブネズミやコウモリなどもいるに違いない。薄暗がりの中を数百メートル歩いた頃、「さあ、ここだ《ヴォワラ》!」ということになった。……いったいどこなんだ。ドアはどこにも見えない。ジルは地面を指差した。トンネルの壁の下に見えるこの小さな穴のことだろうか。冗談じゃない、まさかこんなところを通れ、といっているのではないだろう。いやいや、ここを通るのだ、とふたりはいう。数年前までは、マンホールが開いていたので、鉄のはしごを伝って手軽に地下に降りることができたらしいが、今ではもうこんな場所から入るしかない、という。昔は、出ようと思って元の場所に戻ってみると、真上に車が停まっているので出られない、というハプニングももちろんあったが、少なくともそういうことはここでは心配いらない。そうなぐさめられた。「さあどうぞ、先に入って!」……ではお先に。とても狭くて居心地の悪い玄関だ。つかえてしまったらどうしよう、という不安が頭をよぎる。しばらくして、穴の幅が広がり、一種の通路に出たときにはほっとした。

それにしても、なんて狭いのだろう、なんて天井が低いのだろう……これがパリの地下一階にデビューした私の第一印象だった。密かにピラネージ［☆ジョヴァンニ・バッティスタ・ピラネージ（1720〜1778）。新古典主義を代表するイタリア人画家、建築家］の大ホールのようなものを想像していたのだが、それとは大違いである。しかし、思ったほど寒くない。パリの地下の気温は、摂氏十三度で安定しているのだそうだ。しかし、新米の私は、神経がぴりぴりして、なかなか不安がぬぐえない。屈みながら、列を作って行進する。左右の壁にも、いくつかの通路があり、闇のどこかへ続いている。ふと、懐中電灯の明かりをあてた先に射すくめるような獰猛な動物の目が光る、という強迫観念にかられた。だが、ここには半透明の微生物以外は、生物はいっさい棲息していないようだ。ここに棲んでいるのは盲目のエビの一種と、採石場《カリエール》の地下水の泉の中に

◀本文 27 頁に続く

◉ 13 区のシャトー・デ・ランティエ通りの下にある閉鎖された石灰岩採石場。石造りの支柱は後付けで設置された。

◉ 13 区のジャンヌ・ダルク通りに近い、地下のサン・マルセル大通り。ここで採取された石灰岩は、ノートルダム大聖堂の建設に使われた。

◉次頁：サレット通りの採石場。19世紀にはビール醸造所のセラーとして利用され、現在ではカタフィルたちに人気のたまり場となっている。

◉大きめの洞穴や坑道の壁は、密かに活動するストリートアーティストをひきつけるようだ。これは、トンブ・イソワール通りの地下。

◉公式には立ち入り禁止となっているカタコンブの一部分に置かれたハロウィンのカボチャ。

◉シャトー・デ・ランティエ通りの下にある大ホールが、カタフィルのイルミネーションアーティストによって照明が施されている。

◉地下水位を測定するための、石造りの擁壁を施した井戸（画面右下)。最上階は、あるカタフィルグループの溜まり場である。

いるケンミジンコ属《キクロプス》の透明な微生物だけ、ということだ。

　とはいえ、ヒトならば私たちよりも前に何人もがここから侵入しているようだ。若者たちが壁に残していったストリートアートの「タグ」や「グラフ」といったものを見れば、一目でわかる［☆タグはスプレーペンキで描かれた落書きの一種で、特に個人や集団のしるしを指す。グラフはいわゆるグラフィティアート］。だが、気を散らしてはならない。歩くことに集中しなければ。通路の高さ、形状、雰囲気は、一歩一歩進むたびに違ってくる。天井は高かったり、低かったりする。ひびが入っていることもある。私の頭上には三十メートルもの厚みの砂や砂利や石があり、さらにその上に大都市が乗っかっているのだ。……だがそのことはすぐに忘れることにした。もちろん、地面には大きな穴もところどころあいている。捻挫するのも、足を折るのも簡単なことだ。その上、頭上にも注意しなくてはならない。「頭に気をつけて!」と注意されたが、もう遅かった。張り出している岩に頭をぶつけてしまった。この不慣れな環境では、思ったほど敏捷に動くことができない。

　ジルは、私たちの注意を小さな鍾乳石に向けた。私たちは、どこかの公園の下にいるらしい。道路に舗装が施されておらず、建物もない場所の下には、水が上から浸透し、天井に美しい鍾乳石を形成する。実際、あらゆる形の鍾乳石が天井を覆っているので、まるで自然の洞穴の中にいるような印象を受ける。だが、これらはすべて人工的なものだ。次に訪れた通路がその証拠である。懐中電灯の明かりに照らしだされ、壁に「Avenue d'Orléans《アヴニュ・ドルレアン》（オルレアン大通り）」と書いてあるのが見えた。これはすでに消えてしまった通りの名で、現在は、「ジェネラル・ルクレール大通り」と改名されている。一九四四年八月、私たちの頭上三十メートルのあたりで、ルクレール将軍が南方からかの有名な第二機甲師団を率いて、パリを解放したのである。だがこの地下では、そんな名称変更などまるでなかったかのようだ。

　地下の大通り《アヴニュ》は、幅一メートルの細い管《チューブ》に過ぎない。左右の壁には、瓦礫《がれき》の重なった恐ろしげなほこらがある。このような不気味な環境に慣れるまでは、多少の時間を要するものだ。特に、頭上と足下を同時に観察しながら動くという癖も身につけなくてはならない。こけつまろびつしながらの歩行が、次第に滑らかな動きになっていく。

　もうひとつ慣れなくてはならないのは、感覚の変化だ。例えば、なにも音がしない、という環境。地下は石と沈黙の世界である。声は反響せず、まるで闇に呑みこまれるような感じだ。石灰岩は、保護膜のように人を包みこみ、ひそやかな雰囲気をかもし出す。一度だけ、遠くのほうで地下鉄ががたごとと揺れている気配がしただけで、それを聞いていると、自分たちが捨ててきた別世界からのメッセージのような気がした。それ以外は、すべてが絶対的な静寂に包まれている。……水滴の落ちる音が非常に大きな出来事と思えるような世界だ。

水といえば、ある地点で急に水位が上がってしまったこともある。聞けば、そのままそこを歩かなくてはならない、という。灰色の水が長靴に流れこまないように、見えない石の上に足を乗せるか、廊下の両側の壁に足を突っ張りながら移動するほかない。しばらくして、道が上り坂になった。地面はぬるぬるし、ちょうど灰色とベージュの中間の色をした物質が、ぐちゃぐちゃと音をたてる。ここで転んではいけない。滑らないように足元に注意しながら、しっかりとした地盤のあるところまで歩いた。

しかし濡れていようが乾いていようが、通路は無臭である。あえていうならば石のにおいがするだけだ。だが、それはとりたてて気にはならないものだ。下水の悪臭などはいっさいない。私たちは、下水道《エグ》よりも下の、六階建ての建物をふたつ重ねた程度の、さらに深いところを歩いている。不快な臭《にお》いは、このような大きな距離を超えて届くことはない。

地下深くでは、時間の感覚も地上とは違う。地下の時間は、不思議なほど停滞している。昼夜の区別がつかないからだけではない。地上の消費社会、車社会のせわしなさとは正反対なのである。私は、昔の採石労働者や技師の時間感覚に戻ったような気分になる。

ところどころ、石の壁にはまるで昨日刻みこまれたかのようにくっきりと、作業の日付や採石場の監督官の名前などが彫りこまれていることがある。古いものは十八世紀までさかのぼる。そして、ほんの少し前に作業員が道具を置き忘れただけのように見える一角もある。切り出された石材が出荷を待っているのに、誰も引き取りにこなかったのだろうか。もう数百年も前に準備されたまま、置き忘れられたものとは思えない。

次は、古い井戸伝いに階下に降りた。「金属製《かね》の取手によくつかまって！」――そういわれながら、もう一階下に降りることになった。この地下網は、ところどころに二、三階分「下」があるのだ。

同伴のふたりの洞穴探検家は、私に古い落書きをぜひ見せたいのだ、という。採石場の監督局の労働者や石工が残した

◉カタフィルたちが配布した「トラクト」と呼ばれるビラ（第 11 章の「地下へ逃げる」を参照)。不思議な「沈黙の世界」が描かれている。

ものだ。十九世紀の落書きは、最近の派手なスプレーアートに比べれば、たいへんかわいげがあり、また質素でもある。中でも発明初期の蒸気機関車の古色蒼然とした絵が記憶に残った。当時は、現代でいう宇宙船にも似た興奮をおぼえる発明であったに違いない。

　次第に、些細なことにも気づくようになる。黄ばみがかった灰色の岩の世界では、小さなヒントも重大なメッセージのように思えてくる。例えば地名。地下に刻みこまれている多くの地名は、地上ではすでに忘れられている。「HOSPICE《オスピス・》 DES PERES DE LA CHARITÉ《デ・ペール・ド・ラ・シャリテ》」という名の救貧院を知る者はもういないだろう。また、「RUE DE MOLIERE《リュ・ド・モリエール》 CÔTE《コテ・》 DU COUCHANT《デュ・クシャン》（モリエール通り、コテ・デュ・クシャン）」という刻印には、しばらく首をかしげてしまった。ああそうか、そういえば「東と西」は、その昔「EST《エスト》とOUEST《ウエスト》」とは呼ばず、日の昇る側、日の沈む側、という言い方が一般的だった。「コテ・デュ・クシャン」は「日が沈む側」、すなわち西である。

　……もうどれだけの時間地下にいるのだろうか。見当がつかない。数キロ歩いたように思われるが、途方もなく進んだような気もする。もう外では日が暮れているはずだ。人々が食前酒を嗜んでいる頃だろう。なのに、私たちはこの生気のない世界の中を、地球の中心に向かって歩いている。

　アトラクションはつきることがない。私たちは、「サルZ（Zの広間）」と呼ばれているホールと、「バール・デ・ラ（ネズミの酒場）」と名づけられた場所にたどりついた。散乱するワインの空瓶やコカコーラの空き缶から察するに、一時は派手なパーティーが開かれた場所に違いない。それらしき石室がいくつか続く。どこかの公園から拾われてきたと思しき金属製のガーデンチェアがある。モンスリ公園だろうか、リュクサンブール公園だろうか。ジルは、真っ赤なスプレーペンキで塗りつぶされたナポレオン一世時代の標識に顔をしかめた。明らかに彼らプロは、このような野蛮な行為に胸を痛めているのである。

　もちろん、探検家の先生方は、落書きなどいっさいない広い空間《ホール》にも私を連れていってくれた。やたらに天井の低いジグザグの通路を通っていってはじめてたどり着けるような場所である。腰を曲げただけでは足りず、さらにひざも曲げて先へ進む。非常に疲れる姿勢だ。最後の数メートルは、四つんばいにならなくてはならなかった。突然、支柱が不可思議な陰影をおりなす大きな地下空洞に抜け出た。まるで自然

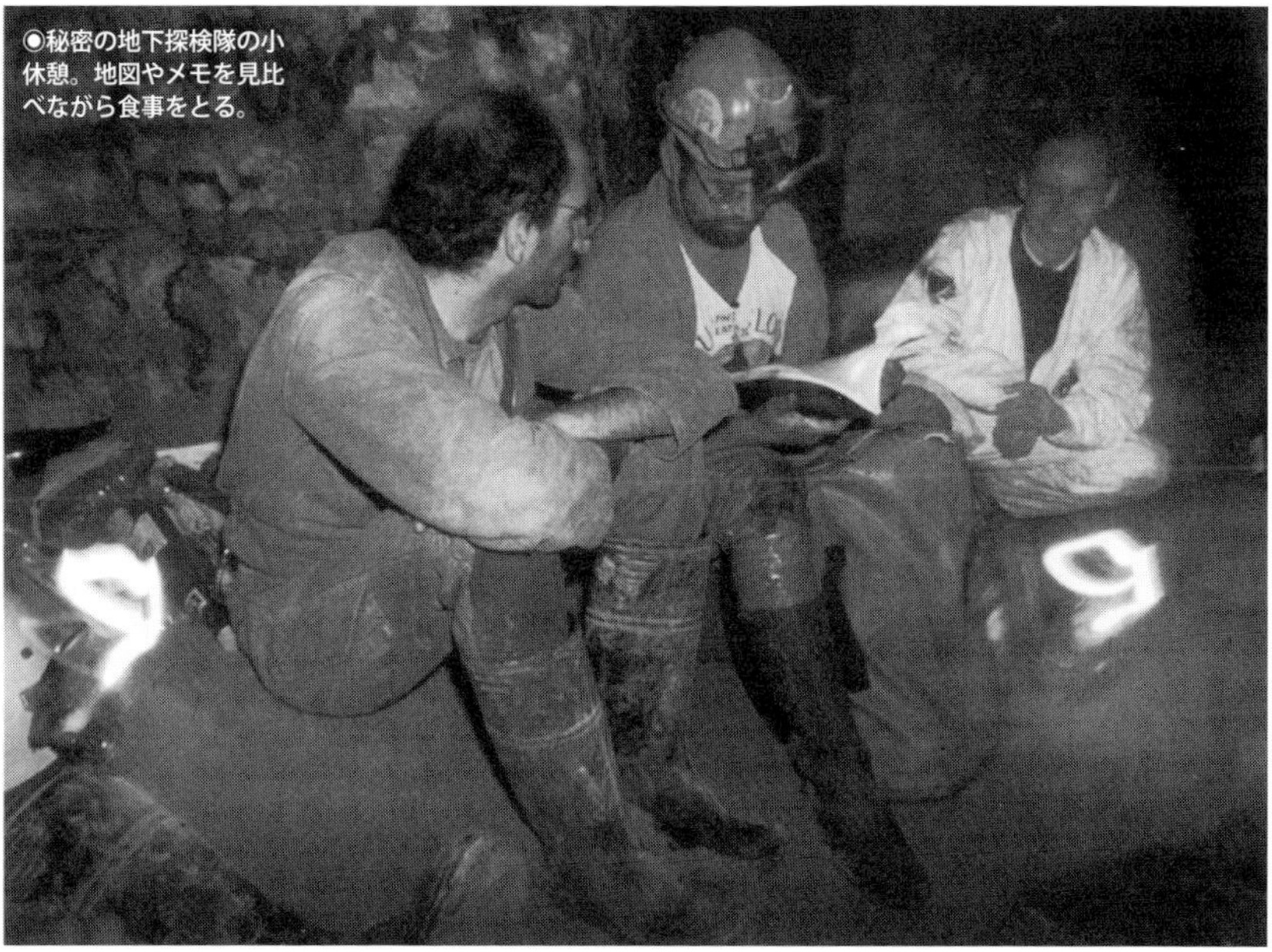

◉秘密の地下探検隊の小休憩。地図やメモを見比べながら食事をとる。

の洞穴のように見えるこの空間は、十六世紀の石灰岩採掘場の跡である。私たちはそこで休憩することになった。

オリヴィエはろうそくに火をともすと、リュックサックからバゲットにハムとチーズを取り出し、ボジョレの栓を抜いた。ハイキングにはつきものの本格的な「カスクルート」［★スナック、間食、おやつ］である。まるで、山頂の野原でピクニックをしているような雰囲気だ。私たちの頭上三十メートルにある高級レストランでは人々が料理に舌鼓を打ち、地下深くのこのキャンドルライトディナーに気づくはずもない。だがフランスの「ラ・ブッフ」［★「めし」というほどの意味の俗語］は、地下でも功を奏するものだ。ともに食する場所は、よいところ。一緒に食事をしているうちに信頼感や安心感が生まれ、執拗に残っていた不安感も次第に消え失せていく。——赤ワインのおかわりはいかが？　打ち解けたおしゃべりが始まり、自分たちが今どこにいるのか忘れてしまいそうだ。洞穴探検もなにやらのどかなレジャーのような雰囲気になってくるが、忘れてはならない。これは一九五五年の条例によって禁止されているれっきとした違法行為なのである。

第一条……公式の認可証を有さないいかなる個人も、旧採石場へ続く扉またはマンホールのふたを開け、地下へ侵入し、移動することを禁ず。
第二条……本条令に違反するものには罰金を科す。

パトロールはないのだろうか？　「もちろんあるとも」とサンドウィッチをほおばったオリヴィエがにやにやしながら答えた。そして、「サラット隊長」という人物の名を挙げた。どうも地下世界では名の通った「保安官」らしい。だが、ひとりも特に彼を恐れてはいないようだ。

食後、誰もが上機嫌となり、再び威勢良く先へ進むことになった。今度はいよいよ他の「洞穴好き」にも遭遇した。遠くからはどこかの葬送のように怪しげに聞こえた音楽だったが、近づいてみるとカセットレコーダーを持ち歩いている一団に過ぎなかった。まるで登山仲間が高山であったときのような挨拶ぶりだ。

かつて地学標本が収集展示されていた大きめの鉱物標本室《キャビネ・ミネラロジク》には、あっという間に到着した。今やまるでアヘン窟のような雰囲気である。香木をたいているので、白い煙がもうもうと立ちこめている。ふたりの青年がハンモックでまどろんでいるが、話しかけても不明瞭な返事しか返ってこない。なにを喫《の》んだのかは想像にまかせるほかないが、大都市の地下で毎日現実に起きているこのような光景には、実に信じがたいものがある。平凡な土曜の午後、地上ではまったく平凡な日常が繰り広げられている中、若者たちがこの闇の中のシロアリの巣のような世界にもぐりこみ、自分たちだけの世界をつくりあげている。

「サラットは来た？」
「いや、今日は誰も」

別れの挨拶をする。物憂げに手を振る青年。「元気で《サリュ》」

――煙は消え、空気もよくなり、音楽も次第に遠のいていった。

そしてさらなる驚きが私を待ちうけていた。

「これを見逃しちゃいけない」とオリヴィエはいい、私に壁の中に開いている低い位置の穴を示した。「シャティエール」と呼ばれている穴だ。すなわち「猫の出入口」である。

狭い穴をくぐり、しばらくの間は腹ばいになって先へ進む。またつかえてしまいそうな不安を感じた。突然すぽっとすり抜けたのでほっとしたのもつかの間。いったいここはどこなんだ？　頭蓋骨に大腿骨……人骨でいっぱいになっている石室ではないか。これがカタコンブだろうか。いや違う、モ

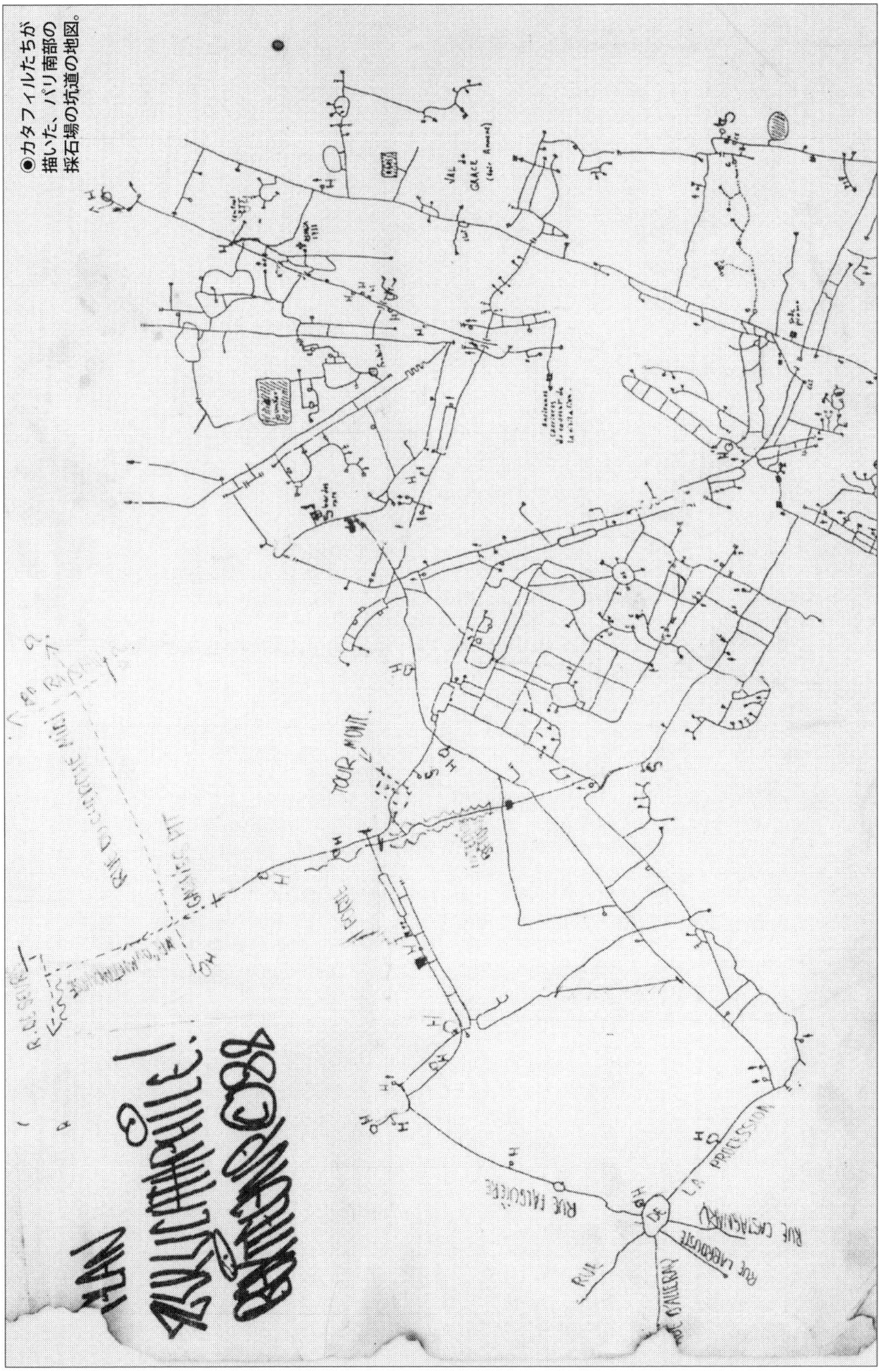

●カタフィルたちが描いた、パリ南部の採石場の坑道の地図。

ンパルナス墓地の地下だ、という。モンパルナス墓地には、独自の地下の納骨堂があるのだ。足元で人骨がきしむ。非常に後ろめたいことをしている気がしてきた私は、できるだけ早くここから出たい、と気が急《せ》くばかりだ。困惑しながらまた猫の穴《シャティエール》を通って、もとの通路に戻った。

骸骨の話は、この先にももうひとつあった。

今しがた見てきた骨の山と化した善男善女とは違い、次に見せてもらった骸骨にはきちんとした名前がついていた。フィリベール・アスペールというこの人物のためには、祭壇の形をした古典主義様式の墓碑もしつらえられている。祭壇の上には枯れた花束とろうそくが供えてあった。フィリベールは、カタフィルたちの守護聖人ともいえる存在で、この墓所は崇拝の対象であるという。地下での徘徊癖が命とりになった先駆的な存在、とみなされているらしい。

フィリベールは、ヴァル・ド・グラース修道院の門番だったが、ある日とても退屈だったに違いない。世の中が不穏を極めた一七九三年のある日、ランプを片手に修道院の地下階段を降りていった。そしてかつての採石場の迷路の中に入りこみ、二度と戻ることがなかったのだ。十一年後、この採石場の測定を行った地理院の人々が、アベ・ド・レペ通りの地下坑道で骸骨を発見した。そして、手に握っていた鍵束から行方不明の修道院の門番であることがわかったのである。墓碑には次のような文章が刻まれている。

一七九三年十一月三日に本採石場へ迷いこみ、その十一年後に発見され、一八〇四年四月三十日に当地に埋葬されたフィリベール・アスペールを記念して。

数奇な運命に、ふと考えこまされる。この果てしないトンネル網の中にある不可解な脇道で迷子になり、二度と戻れなくなってしまうのではないか、という不安。……新参者にとっては生々しい恐怖である。ヴィクトル・ユゴーの『レ・ミゼラブル』に登場するかの有名なジャン・ヴァルジャンも、果てしないパリの地下をきりなく逃げまわっている間に、似たような不安を抱えていた。

どうしたらここから出られるだろうか？　どこかに出口が見つかるだろうか？　見つかるとしてもまにあうだろうか？　ハチの巣みたいに石の小穴をもつこの地下の巨大な海綿は、はいっていって突きぬけられるものなのだろうか？　思いもかけないような暗闇の結びめに出くわしはしないだろうか？　抜けだせないもの、乗りこえられないものに突きあたりはしないだろうか？［☆第五部第三編一］

もう心配はいらない、となぐさめられた。出口は近いということだ。でも、その前に「砂浜《ラ・プラージュ》」を見せてやる、という。一九六八年五月の学生運動以来、「舗道の下は砂浜だ」というシチュアシオニストたちのせりふは有名だ。すでにパリでは常套句になっている［★シチュアシオニスト＝状況主義者。一九五七年、欧州の芸術家や知識層が団結し、資本主義社会を「スペクタクル社会」として批判、日常生活の改革を目指した。一九二〇年代のダダイストたちの実験に倣った活動は、一九六八年の学生運動にも影響をおよぼした］。ここでは、そのせりふが現実となっていた。しっかりとした壁によって補強されているこの洞穴の地面は、肌理《きめ》の細かい砂にすっかり覆われている。そして、片側の壁には大きく北斎の大波が描かれていた。この砂は、調合に失敗したコンクリートの名残りだということだ。どうやら成分がうまく混ざらなかったらしい。

「砂浜《ラ・プラージュ》」の全盛期は、一九八〇年代だったという。若者たちのパーティー会場および待ち合わせ場所として大いに人気があったらしい。だが今では週末でさえ一握りの人々しか行き来していない。静かな声で互いに挨拶を交わした後、最近の地下情報が交換される。

「最後はちょっと疲れるぞ」とやさしく注意される。ゴール寸前は、確かに足下が不安定で、非常に天井の低いコースを歩くことになった。腰は痛み、足は震え、まさに拷問である。石の産道を通って、再びこの世に帰還することになった。新鮮なそよ風が顔にあたり、広いスペースも、また大都市のイルミネーションも、まるですばらしい贈り物のように感じられる。

　なるほど、ちょっとだけ生まれ変わったような気分だ。汚れきった作業服と長靴を誇らしげに身にまとったまま、私たちはメトロの終電に乗りこんだ。遅番の下水道の工事労働者と思われたかもしれない。しかし、それがどうだというのだろうか！

✴第2章　石灰岩の採石場《カリエール》

■パリ・地下洞穴の地理

土曜の夕方、七時間にわたって歩いた道は、大きな迷路のごくわずかな一部に過ぎない。パリの地下にある通路網は、全長約三百キロにおよぶ。

それは、すべてがつながっているトンネル網ではなく、いくつもの完結した「迷路」になっている。中でも最大の迷路がふたつ、セーヌ左岸《リヴ・ゴーシュ》に存在する。最も広いものは、五区、六区、そして十四区の地下に広がるグラン・レゾー・シュッド［★セーヌ川とモンスリ公園の間に広がる「パリ南部の大地下網」］だ。その北端はセーヌ川にさえぎられ、南端はパリ郊外《バンリュー》［★元は、パリ周辺で非課税の商取引が禁じられていた地区を指すが、現在は、ペリフェリーク（環状線）の外側の地区を指す］を通り越してバニューまで続く。

左岸の地下は、一九〇七年に暗渠《あんきょ》化されて以来、溝《どぶ》となってしまったビエーヴル川によって、ふたつに分かれている。この隠された小川の東側、十三区の地下に、全長四十キロにおよぶ採石場《カリエール》が広がる。

地下がスイスチーズのように穴だらけになっている事実は、ポンピドゥー大統領時代の高層ビル建設ブームにおける大問題であった。イタリア広場の南の高層ビル群を建築する際、ぼろぼろの地盤にコンクリートの柱を何本も埋めこまなくてはならなかったほどである。

植物園《ジャルダン・デ・プラント》の下にも、ひとつ独立した小さな網《レゾー》がある。十七世紀に、王立薬草園とそれに関連した学術施設が開設された時に、採石場が発見された。そこは十二世紀頃に、今はなきサン・ヴィクトル修道院の建材が採掘された場所である

◉地下で採取された石灰岩は、数百年もの間、手動の大滑車によって、地表に運び出された。

[☆サン・ヴィクトル修道院は、一一一三年建立。一七九〇年に修道院は廃止され、建物は一八一一年に取り壊された]。十九世紀末には、洞穴生物学の始祖である自然学者のアルマン・ヴィレが、ここに研究室を開設している。

石灰岩の採掘はセーヌ左岸に限られていたわけではない。現在、十六区の一右岸《リヴ・ドロワット》の地下の一部も穴だらけである。現在、十六区の一部をなしているパッシーとシャイヨーは、かつてワイン作りと採石を唯一の生業《なりわい》としていたが、この現代の高級住宅街の地下には、古い柱によって支えられた地下洞が数多く存在するのだ。

ワイン作りが盛んだった時代には、このあたりのいくつかの地下採石場は、ワインセラーとして利用されていた。パッシーのワイン農園はもう姿を消してしまったが、その名残りとして、オー通りにある古い坑道の入口には、ワイン博物館が開設されている。

また十二区の、大きなライオンの噴水のあるフェリックス・エブエ広場の地下にも、小さな地下網が存在する。この噴水は、一八八二年、共和政を象徴する女性の銅像が共和国広場に設置されたときに、こちらへ移転したものだ。

一九一六年のある日、この噴水から突然水が消えた。ライオンの口から間歇的に水が流れ出ては涸れてしまう。基盤が、それまで知られていない採石場につながる遺構に、陥没してしまったのだ。

セーヌの左岸、すなわちパリ南部では石灰が採掘されていたのに対し、パリ北部および東北部の丘陵地帯が穴だらけなのは、ここに豊かな石膏の鉱床があったためだ。パリ石膏《プラートル・ド・パリ》の採掘によって発生した巨大な洞穴は、公式には十九世紀末以来消えたことになっている。どこにどのような遺構があり、どこに新しい洞穴が存在するのかは、誰も知らない。その所在は、地上の建物の壁にひびが入ったり、地すべりが起きて初めてわかることが多いのだ。

石灰の採掘をはじめたのは古代ローマ人である。紀元一世紀頃には、露天掘りでローマ帝国の地方都市ルテティアの建設のための石を採掘している。まずは最も採掘が簡単な、現在パンテオンが建っている丘のふもとからはじめたようだ。建材がすぐ近くにあるセーヌの南岸には、ガリア・ローマ時代の神殿や浴場や宮殿が並び、古代都市の中心をなしていた。

中世に入ってからしばらくの間は、石の採掘はのんびりと続けられた。一般の建物は木材、漆喰、およびわらでできていたからだ。石は高級で高価な建材として、公共の建物と教会に使用が限定されていた。平和で豊かな時代か、不穏で貧しい時代かによって、このような建物の数は決まったのである。

肥満王ルイ六世（1081~1137）の時代に、建材の需要がとみに増えた。王は、一一三〇年にセーヌ川にかかる橋を安全にするために、グラン・シャトレとプティ・シャトレの要塞を建設し、同時期にサン・ヴィクトル修道院が完成した。このような大きな建設事業のために、大きな地下の採石場が開かれていった。

事業は、フィリップ二世（1180~1223）の治世に本格化する。パリが突入した裕福な時代の反映である。新しい石造りの市壁が建設されたほか、ルーブル要塞とノートルダム大聖堂の建設が始まった。大司教教会であるノートルダムの建材の大部分は、現在のヴァル・ド・グラース病院とコシャン病院の地下にある採石場から切り出されたものだ。パリの石材《ピエール・ド・パリ》は、非常に有名で、他の都市でも需要があった。それは、例えばシャルトル大聖堂とエタンプの教会の建設にも使われている。

■モンルージュの大滑車

この頃から、採掘の方法も変わっていった。採石業者は、十

◉ 1702 年の石灰岩の採掘場の図。パリでは 12 世紀以来このようにして建材が採掘されていた。背景には、ノートルダム大聖堂（左）を含むパリの概観が描かれている。

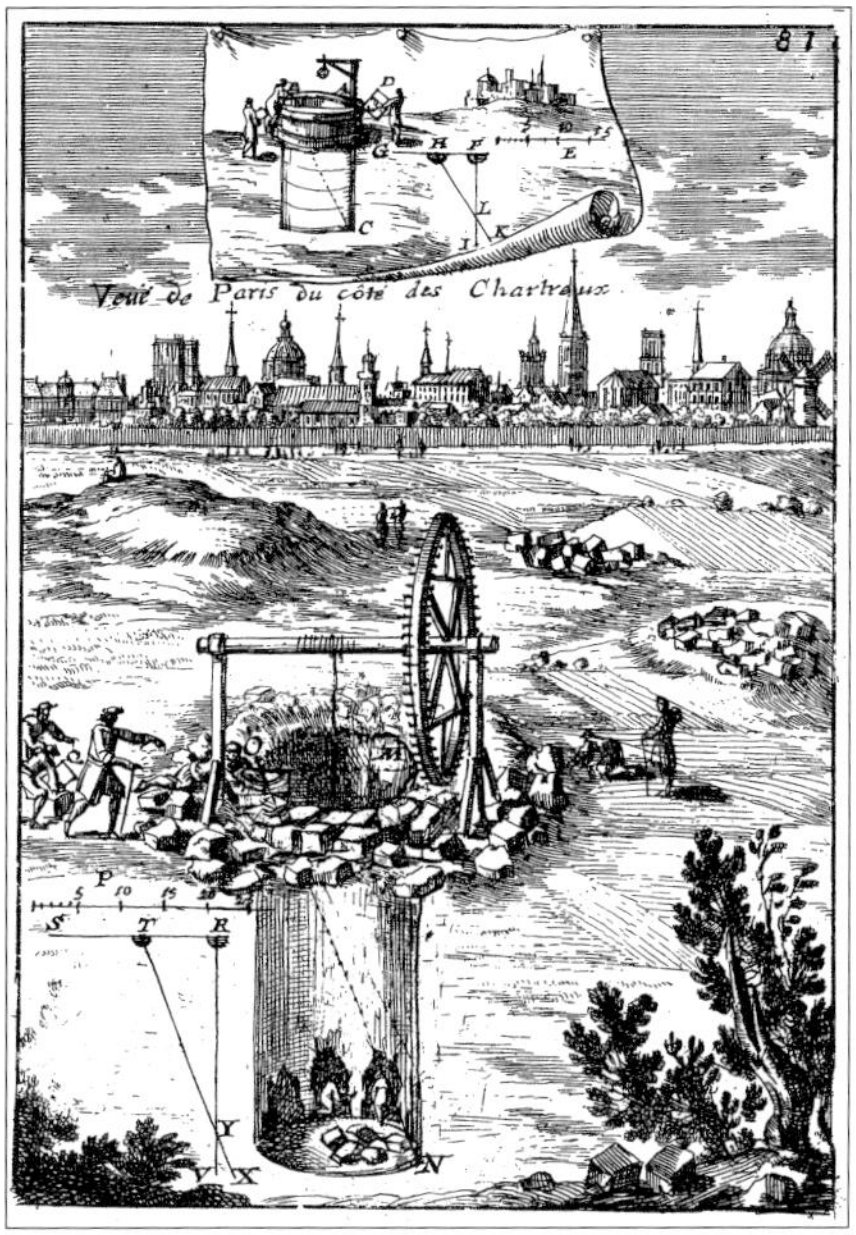

◉モンマルトルの丘の中の三角形をした採石場。崩壊する危険があったため、補強が施されている。

◉パリ北東部のモンマルトルの丘における石膏採掘。風車の一部は、石膏を粉に挽くためのもの。その前工程である石膏焼成に使われる炉が、画面手前にある。

◉パリ南端の石灰岩の採石場の滑車。背景には、ヴァル・ド・グラース修道院が見える。

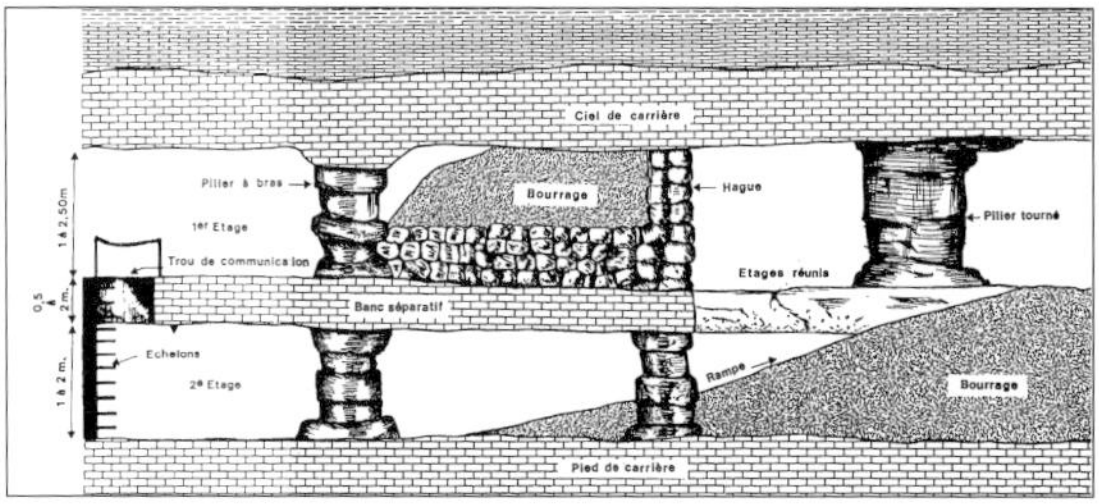

◉地下の石灰鉱床では、はじめのうちは天井が崩れないように太い柱が残された。だが、その素材をも切り出すために、後には石を積み上げて支柱とするほか、壁を造って間を廃石で埋めた。

二世紀頃から、システマティックに地下に侵入していったのである。はじめのうちは、市壁の南側の丘陵に脇から入りこんでいく方法をとった。坑道の入口のいくつかは、荷馬車を乗り入れることができるほどの大きさだった。

採石業者は地下を掘り進んでいったが、深く入りこめば入りこむほど、坑道の換気も重要になってきた。通気の確保と石材の簡便な搬出のために立坑《ピュイ》を掘り、地上との連絡も取るようになった。立坑の上に設置された巨大な滑車は、数トンもの石灰岩を縄で引き上げていた。遊園地の観覧車を彷彿とさせるこの機械は、何百年にもわたってパリの採石場を象徴して、独特なパリ南部の稜線を形づくり、多くの版画や油絵に描かれた。十九世紀までは、労働者がこれらの滑車を足踏みで回転させていた。アレクサンドル・デュマ・ペール（大デュマ。1802~1870）は『千と一の亡霊』（1849）の中でこう描いている。

プティ・モンルージュとグラン・モンルージュの間の平地を横切るとき、燃えるような夕焼けに、無数の滑車が動いているのがくっきりと浮かび上がる光景は、実に圧倒的である。

採石場の労働はきつく、危険で薄給であった。教会や宮殿のための建材を地下から切り出していたのは、多くはブルターニュやリムザンといった貧しい地方からの出稼ぎ労働者である。石灰の粉塵に埋もれながら、腹ばいになったり、ひざまずいたりしながら、岩石を切り出す。事故は日常茶飯事であり、頻繁に死人も出た。工夫《カリエ》の手はたこだらけで、衣服は粉塵によって黄ばんでいた。長い一日の仕事を終えて、屋外に出る頃には、たいてい日が暮れていたため、日光にあたることもほとんどなかった［★カリエは主に、採石場側のパリ南部郊外、特にモンルージュ地区に住んだ。現在のコシャン病院の前身となる施設は、怪我の多い工夫たちのために建てられた］。デュマは書く。

これらの地下の回廊に棲息する人々は、性質も姿も、仕事と同じようにめっぽう変わっている。闇に暮らす彼らは、夜行動物のような気質をもっている。すなわち、無口で粗野なのだ。

最も古い採石場の規模は非常に大きい。天井の高さは四メートルから八メートルにもおよぶが、その広さは、当時の採掘のやり方に由来している。つまりその頃は、天井を支えるための柱を残して、石灰鉱床のすべてを掘り出すことがよしとされていたのだ。

この「回転支柱《ピリエ・トゥルネ》」と呼ばれる技術のおかげで、リュクサンブール公園、アラゴ大通り、あるいはサン・タンヌ病院の地下に広がる洞穴の世界が生まれた。

十六世紀に入り、採石業界に新しい技術が登場した。鉱床の品質の高い部分だけを集中して採掘するようになり、坑道の天井が低くなったために採用されたこの工法は、「アーグ・エ・ブラージュ（壁と埋め立て）」と呼ばれる。大きな支柱を残してしまうと、質の高い石材を無駄にすることになる。そこで、高価な石が含まれている層のすべてを切り出し、天井を支えるために、小さな石を重ねて柱を作る。さらに、岩壁の手前に天井まで届く壁を造り、空洞部分を廃石、または土で埋めたのである。これにより、人工の壁と壁の間には、作業者が動く場所と、切り出した石材を搬出口まで輸送するスペースが確保された。

石灰の採掘はこうして数百年間続けられ、鉱脈も労働力も徹底的に搾取された。採石場の所有者にとり、地下の労働者の安全などどうでもよいことであったに違いない。貧しい地方から流れこむ哀れな労働力は後を絶たなかった時代だ。きちんと整備されていない坑道の中での労働の危険に気を払う者などはいなかった。

鉱脈が枯渇すると、規模や位置などは誰も知らない洞窟や坑道の迷路を残して、業者はまた次の場所へと移動した。

このようにして、採掘は現在のリュクサンブール公園の周辺から、南のモンルージュ方面へと進められていった。町は、それを追うようにして成長した。くり抜かれ、骨を抜かれた敷地には新しい住宅が建設され、かつては牧歌的な郊外であった地区は、時とともに住宅の密集する都心部へと変身したのである。

■聖ドニとヴォヴェールの悪魔

古代より、神々や悪魔の棲処と決まっていたためか、洞穴のあるところには伝説がある。キリスト教も、地下には常に関心を払ってきた。古代キリスト教の信者たちは、迫害から地下へ逃れた。そして、隠者たちも洞穴を庵《いおり》としてこもることが多かった。どうやら、地下に隠れると、精神的な事柄に集中することができるらしい。ローマのカタコンベも同じだ。それは地下の集会所であり、墓地であり、後の中世期の地下教会《クリプタ》の模範となった。

「地下」は必ずしも地獄ではなく、聖なる場所でもあるわけだ。

現在パリの地下には、パリの守護聖人であり、キリスト教初期の殉教者である聖ドニに関連している場所が二ヶ所ある。

聖ドニと聞いて、サン・ドニ通りの街頭に立っている娼婦を思い出す輩《やから》もあるかもしれないが、もちろん彼は娼婦とは関係のない聖人である。そちらの職業の守護聖人は聖マドレーヌである。彼女も長いこと懺悔《ざんげ》のために洞穴に暮らした、といわれているが、それはパリではなく、南フランスの話だ。

話を戻そう。聖ドニとは、すなわち聖ディオニシウスのことである。トゥールのグレゴリウスによれば、彼はローマで司教として叙階を受けた後「聖書を広めるためにガリアに送られた」という。すなわち、まだ異教の地であったローマの地方都市ルテティアで伝道する役目を帯びたのであった。伝説によると、ディオニシウスは市壁の外側の、南へ向かう道路の脇に居を構え、かつての採石場《カリエール》に人々を集めて礼拝を行った。ローマ帝国長官は、この認めようもない新興宗教の説教者に気色ばみ、聖人を逮捕させた。ディオニシウスは、「信仰のために、たいへんな拷問を受け、刀剣によって命を落とした」ということである。聖ディオニシウスがモンマルトルの丘で処刑されたのは、紀元二八〇年頃のことである。

伝説によると、ディオニシウスは、斬首されてからしばらくの間、自分の生首を抱えたまま歩きまわったそうで、ついに後のサン・ドニまで歩いてから果てた、ということだ。

六世紀には、聖ドニが布教活動にいそしんでいたパリ南部の地域に、野の聖母《ノートルダム・デ・シャン》にちなんだ礼拝堂が建立された。採石場は地下教会と化し、十一世紀にはベネディクト会がそこに修道院を開設、以後、長きにわたって、パリ市外で死亡したフランス国王の通夜は、サン・ドニの墓所への埋葬の前に、この地下教会で行われることになった。フランス革命の頃には、すでにカルメル会の手に渡っていた修道院の建物は取り壊され、地下教会も埋め立てられた。教会に対する規制が緩んだしばらく後にはカルメル会がこの地に戻る。彼らは十九世紀末に地下を掘り起こし、当時のはやりに合わせて、もとの姿とは見違えるような装飾を施して、祈祷所を再建した。しかし、しばらく後、カルメル会は再びそこを去ることになる。

現在、かつて名を馳せたこの聖地は、ピエール・ニコル通りの某近代ビルの地下十メートルの場所に眠っている。照明もなく、公式の入口もなく、信者も来ない地下のチャペルには、いまだに祭壇があるが、そこには自分の生首を抱えた聖ドニの石像も残されている。

もうひとつの聖ディオニシウスを対象とした地下の史跡は、この聖人の殉教の舞台といわれるモンマルトルの丘で、見世物として長い間大きな収入源となっていた。一六一一年、ベネディクト会の尼僧院が地下に祈祷所を建設した際、さらに地下深くに大きな講堂が存在し、その一角には祭壇のようなほこらがまつられていることが発見されたのである。

モンマルトルの修道尼たちが昔から修道院の地下で石膏の採掘を行っていたことを考えると、これは別に驚くべきことではない。おそらく作業中に祈祷できる場所を造っていたに違いない。だが当時の修道院長であったマリー・ド・ボーヴィリエは別のことを思いついた。以前から修道院の財政難に苦しんでいた院長は、この発見に大いなる好機を見出した。彼女は、この祈祷所は聖ドニが処刑寸前に最後のミサをあげた場所に違いない、と見立て、この場所を即座に見学者が訪れられるように改造し、発見のニュースをパリ中に広めたのである。一時は下火となっていた巡礼熱はこれで新たな火種を得て、王妃マリー・ド・メディシス（1573～1642）をはじめ、大勢が新しい巡礼地へ赴き、モンマルトル修道院に巨額の喜捨を落としていった。しかし、フランス革命時代には、この聖ドニの処刑地も、無神論者の石膏事業主によって破壊

◉３世紀に聖ドニがキリスト教を伝導したと伝えられる場所に、後に修道院によって増築される地下の礼拝堂が、６世紀に建設された。この地下教会（クリプタ）では、しばらくの間フランス王の通夜が行われた。現在では忘れられて、リュクサンブール公園の近くの近代的高層ビルの地下駐車場の下に眠っている。

◉ピエール・ニコル通りの地下礼拝堂にある聖ドニの石像。伝説によると、殉教した聖ドニは、自分の生首を手に抱えたまま数キロも歩いたのだという。

◉リキュールの瓶と漏斗をもった僧侶を描いた古い版画。13世紀、シャルトル会の修道士がパリ南部の荘園を取得し、既存の地下採石場でリキュールをつくり、保存していた。

◉シャルトル会の修道士は、修道院の倒壊を防ぐため、採石場の大きな坑道に擁壁を施し補強した。この標識は1781年にとりつけられたもの。「アンフェール通り（現在のサン・ミシェル大通り）、シャルトル会修道院の壁の下」とある。

されてしまった。

……これまで、地下の聖地の話ばかりしてきたが、庶民にとっては、やはり地下といえば地獄を連想させるもののようだ。

現在サン・ミシェル大通りが通っているあたりには、その昔、「地獄《アンフェール》通り」、という名の街路があった。歴史家によると、この名前は本来ラテン語の「*Via Inferia*《ウィア・インフェリア》」、すなわち「裏街道」がなまったものだという。だが、庶民は違う。彼らにとって、これは正真正銘悪魔につながる通りだった。実は長い間、このあたりには本当にディアブル・ヴォヴェールという名の悪魔が棲んでいる、と伝えられていた。まともなフランス語辞典ならば必ず登場するほど、人々の記憶に深く刻みこまれている悪魔である。「aller au Diable Vauvert《アレ・オ・ディアブル・ヴォヴェール》」という常套句は、とっとと出て行け、二度と戻ってくるな、という意味である。話は敬虔王ロベール二世（972〜1031）治下の十世紀にさかのぼる。ロベールはカペー王朝の始祖であるユーグ・カペーの子どものひとりである。ロベール王は、パリ郊外の深い緑の中に「シャトー・ヴォヴェール」という城を建てた。これは「緑の谷の城」という意味で、当時、ロベールはベルトという名の伯爵令嬢［☆ベルト・ド・ブルゴーニュ（964〜1010）］を二度目の妻として迎えたばかりである。王は、おそらくここを愛の巣とするつもりであったに違いない。

だが、王妃ベルトは国王の従姉であった。ふたりは法王グレゴリウス五世によって結婚を反対されてしまう。結婚するには血が濃すぎる、ということが論拠であった。グレゴリウス五世の世俗名はブルン（ブルーノ）・フォン・ケルンテン。法王になった最初のドイツ人で、従兄弟のドイツ皇帝オットー三世の助けによって法王の座についただけあって、終生ドイツ側の味方であった。ベルトが国王の従姉である、という事実は、フランス王の鼻を明かすよい機会とみなされたらしい。仏独間の確執は、中世期からあったというわけだ。

敬虔王ロベールは最初のうちこそ意地をはって従妹ベルトをかばっていたものの、法王に破門されてからはやはり罪を認め、罪深い婚姻関係を断つ決意をしなくてはならなかった。ベルトと別れた後に、国王はコンスタンス・ド・トゥールーズ（986〜1032）を娶《めと》ったが、これには法王も異議を唱えることはできなかった。こうして、ロベールは再び教会の下に戻ったのである。

しかし、ヴォヴェール城はこのような罪業の記憶と結びついてしまったため、もはや住む者もなく廃城となって朽ち果てた。廃墟となっても、禁断のイメージはつきまとい、「善良な市民は、地獄に落ちることを恐れ、廃墟周辺の鬱蒼《うっそう》と木々が生い茂った敷地を忌み嫌った」とエミール・ジェラール――一九〇八年にパリの地下に関するバイブルとされる『パリの地下《パリ・スーテラン》』という著書を残した――も書いている。「この土地が悪魔の棲処である」という噂は、人々の間でいつしか確信となった。夜になると悪魔が小悪魔をつれ、硫黄の煙に包まれながら、大きな炎を囲んで踊っている、といわれたのである。この話には、もちろん目撃者も存在する。近くへ寄って、世にも恐ろしい叫び声を聞いたり、地面の割れ目から煙が噴き出しているところを見た者がいて、そのため、近寄らないほうがよい、ということになったのだ。

この悪魔伝説の裏にはなにが隠されていたのだろうか。

実は、崩壊した廃城とこの城の建材を切り出した採石場は、盗賊の隠れ家となっていたのである。確かに、夜間そこを通り過ぎる者は、焚き火の明かりや煙を目撃することがあった。庶民の恐怖心は、迷信によってかきたてられ、これらの盗賊を長いこと守っていた、といえる。こうして、十三世紀の半ば頃まで、無法者の集団が周りから邪魔されずに暮らすことができた。「ディアブル・ヴォヴェール」が常套句となるには十分な歳月が流れたわけだ。

一二五七年、ルイ九世がこのアンクロ・ド・ヴォヴェールと呼ばれる敷地をシャルトル修道会に提供した「★アンクロは「囲い地」の意で、ここでは元ヴォヴェール城の敷地を指す」。修道僧たちは、即座に「悪魔退治」にとりかかり、盗賊たちはさらに南方のモンスリの採石場跡へ移動した。以来、そこは恐るべき場所として名を馳せることになる。

■「セザール氏」の悪徳商売

ヴォヴェールの悪魔たちが追い払われた後も、地下には多くの魔物たちが棲んでいるといわれた。実際、いくつかの採石場《カリエール》は、数百年にわたり、社会の脱落者たちのたまり場となっていた。だが、本格的に禁断の儀式の舞台となることはあったのだろうか？　一三四八年、パリの人口の三分の一が死亡したというペストの流行時には、大勢の人々がサン・マルセルの採石場に集まり、魔術によって厄払いをしようとした、と伝えられている。またサン・ジャック界隈の地下の奥深くでも黒ミサその他の反キリスト教的な魔術の舞台となった場所がある、といわれている。

だが、証拠はなにも残っていない。これに対して、目端の利く数々の商売人が庶民の迷信を利用して大もうけをしてい

◉演出された「地獄の劇」を描いた古い絵。

た、ということは確実である。ヴァルター・ベンヤミンがその著書『パサージュ論』の中でも述べているように、高額の入場料と沈黙を守るという約束と引き換えに、善良な市民に悪魔を見せてやる、といって荒稼ぎをした「賢い人々」がいたのである。

その中でも特に詳しい記録が残っているのは、十七世紀に「悪魔の見世物」を生業《なりわい》としていたセザールという名の人物である。

セザールは、素朴な善男善女を長年にわたってだました挙句に逮捕されたが、残された調書の中で、自身の商売がどのように機能したかを詳しく説明している。

まず、客から前払いで見物料を巻き上げる。それから、現在は精神病院となっているサン・タンヌ病院の地下にある採石場に連れこみ、念入りに演出された演《だ》し物を見せるのである。——何度か怪しげな呪文を唱えた後に「地獄の劇」が始まる。客を引き入れた洞穴の隣の石室に待機している仲間によって、硫黄とタールをふんだんに使った光と炎の派手な見世物が繰り広げられる。供述によると、演目の山場に、セザール自身が大きな牡ヤギを連れてくる。ヤギをつないだ鉄の鎖は朱色に塗られ、焼けているように見せかけてある。壁の左右のほこらには、頭に木製の筒をかぶせた犬が二匹座っており、ヤギが登場する間合いで助手が犬をつつくことになっていた。つつかれた犬は、頭に筒をかぶっているために「事情を知っているセザールでさえも鳥肌が立つような」恐ろしいうなり声を上げた、という。調教されたヤギはこれを合図に鉄の鎖をがちゃがちゃと鳴らし、頭を下げ、角を左右に振って威嚇する。「たいそう芝居上手なヤギを見て、これぞ本物の悪魔に違いない、と誰もが思った」という。

終幕、恐ろしい形相の仮面をかぶった助手が客を砂袋でたたきはじめ、いよいよ悪魔に直接出会ったと信じた観客は、大慌てで遁走する。木戸銭は前払いなので、そのまま逃げ帰るにまかせる、という寸法であった。

「セザール氏」に金を払えば、それなりのお楽しみは体験できたわけだ。だが、いみじくもヴァルター・ベンヤミンが述べているように、これはだまされる方よりもだます方にとって危険《リスク》の大きい興行であった。なにしろ、お上は十五世紀以来、悪魔や魔術師その他にかかわる、教会の公式教義に反するような思想や行為を徹底的に弾圧していたからだ。パリでも火あぶりの刑に処される者は多かった。逮捕されたセザールが大急ぎで、自分のやったことは単なる小器用な演出に過ぎなかった、とあらましを白状したのも、そのためである。キリスト教に反する呪術にかかわっていたと思われてはとんだことになる。とはいえ、記録を読んだだけでも、その行間から、セザールがいかに自分の演出力を得意に思っていたかがうかがえる。

多分、この男は、時代を間違えて生まれてきただけだろう。現代であれば、おそらくマルチメディアのホラーショーを主催したり、テレビでショー番組をもたされて、人気を集めていたに違いない。だが、当時の人々はまだそこまで進んでいなかった。このような才能《タレント》があまり重宝されない時代に生まれたのは、セザールにとって不運だった。自供のおかげで、グレーヴ広場で火あぶりにされることを免れた彼は、数年後にバスティーユで獄死している。

悪魔の魅力はその後も失せることはなく、それを商売にする者はひきもきらなかった。パリの警察長官ダルジャンソン［☆マルク＝ピエール・ダルジャンソン（1696～1764）］が一七五二年に発表した回想録によると、ドラフォッスという名の詐欺師が、裕福な婦人をモンマルトルの石膏採石場に連れこみ、「地獄の君主巡り」を主催していた、という。ドラフォッスもまた逮捕され、牢獄に入れられた。

このほか、人をだましても捕まらなかった者も多数いるだろう。悪魔崇拝《サタニスム》や黒ミサなどが流行した十九世紀、すなわちユイスマンスの『彼方』が発行された時代には、この無類の道具立てがそろっている足下の舞台を借りて、多くの儀式や魔術・呪術の祭典が催されたことが推測される［☆ジョリス＝カルル・ユイスマンス（1848〜1907）による『彼方』の発行は一八九一年（邦訳は田辺貞之助訳、創元推理文庫、2000）］。

そんなことから、一八九六年、かつてのシャルトル会修道院地下の採石場を歩きまわっていたふたりの探検家による恐るべき発見が、当初はなんらかの残忍な儀式の形跡と思われたのも当然であった。ふたりは、地下で異臭を放つ井戸を発見した。のぞいてみると、あまりの臭《にお》いに気絶しそうになった、という。目にしたものは、彼らの血を凍らせるに十分な光景であった。井戸には、腐敗しかけた大量の猫の頭が詰まっていたのだ。それはどれも頭部だけであり、胴体はなかった。いったいなにが行われていた跡なのか。ヴードゥー教か。これは狂気か。それとも口にするのも恐ろしいような密儀か。これは、町の地下に眠る不気味な秘密のひとつであった。

だが、猫の頭の出所は、意外にあっけなく解明された。ふたりが地上で井戸の出口を調査したところ、そこには、ジブロットやシヴェ、すなわちウサギの白ワイン煮込みやシチューを専門とする料理店があったのだ。どうも、この店が出していたウサギは、かたり物だったらしい。

……話をひと時代前に戻そう。これらの場所が市壁の外ののどかな田園風景の一部をなし、シャルトル会の修道僧が緑の谷の悪魔《ディアブル・ヴォヴェール》を追い払おうとしていた頃。「ル・クロ・デ・シャルトルー」と呼ばれているこの敷地は、現在のサン・ミシェル大通り、ヴォジラール通りとノートルダム・デ・シャン通りの間に広がっていた。

ここへ移転してきた修道僧たちは、即座にヴォヴェールの古い採石場の天井に穹窿《きゅうりゅう》を築造し、地下空洞の補強工事を行って、地上に修道院の建設を可能にする基礎工事を施した。洞穴の一部は、修道院のアルコール類や薬草酒の倉庫として整備された。同時に、修道院の地下にある石灰岩の採掘を行い、自分たちの修道院建設に利用するほかに、第三者へと売却した。サン・ジェルマン・デ・プレの建材の大部分は、シャルトル会修道院の採石場から出ている。

シャルトル会は、後の数百年の間に、町の南部の穴だらけの土地へ次々と移転してきた数多くの修道会のひとつに過ぎない。十七世紀には、反宗教改革による熱烈な信仰がはじまっていた。パリ市の内外には、四十を越える宗派の新しい修

◉「セザール氏」の後継者は20世紀にも採石場で「黒ミサ」を行っている。骸骨や悪魔や逆さに描いた十字架の壁画、カバラのサインなどがカタフィルとゴス愛好家が集まる地下洞穴の壁に描かれている。

道院が建設され、二十以上の教会が建設された。ユルシュリーヌ会、カピュサン会、カルメル会、フュイアント会その他が、市の南に伸びるサン・ジャック通りの左右に広く分散し、豊かな緑と荘園に囲まれていた。今でもこののどかな田園風景の面影をわずかに残しているのが、リュクサンブール公園である。またフォブール・サン・ジャックにも、そこここにいくつかの修道院の荘園跡が残っている。

　全体的に見れば、フランス革命がこの修道院文化を一掃してしまったといえる。残っているのは「シャルトルー」や「フュイアンティーヌ」といった通り《リュ》の名と、「ユルシュリーヌ小劇場《スチュディオ・デ・ズュルシュリーヌ》」という映画館の名前だけだろう。が、地下に降りれば、まだまだ名残はある。特に修道院の荘園のあった地区の地下には、かつての修道院の地理が読み取れるものがあるのだ。シャルトル会修道院の名が彫りこまれた壁や「sous le champ des Capucins《スー・ル・シャン・デ・カピュサン》（カピュサン会の畑の下）」といった標識が、今もかつての緑深い田園風景を彷彿とさせるのである。

■王妃の修道院──ヴァル・ド・グラース建設の困難

その中で、現在もかなり多くの建物部分が残っているヴァル・ド・グラース修道院は例外的存在だ。荘厳なバロック様式のドームを戴く教会を特徴とするこの修道院は今日でもセーヌ左岸《リヴ・ゴーシュ》の目印となっている。革命中、この宮殿のように豪華な修道院の建物は軍事病院として使われ、現在に至っている。政府の要人、すなわち大統領や大臣、議員たちは誰もがここで治療を受けている。

　フランソワ・ミッテラン大統領が人間ドックに入ったのも、内務大臣ジャン＝ピエール・シュヴェヌマンが昏睡状態に陥ったのもここである。

　この旧修道院がこのように豪華なのは、王室とのかかわりが深かったためだ。特にルイ十三世妃であったアンヌ・ドートリシュ（1601〜1666）とは密接な関係にあった。

一六二一年にベネディクト会の修道尼たちが、沼地だったビエーヴル渓谷からこちらへ移転できるよう、土地を授けたのはアンヌだった。当時まだ簡素だったこの修道院をアンヌは非常に気に入っており、建物の中に小さな居室をしつらえ、公式には、修道院長のルイーズ・ド・ミリを訪問するためとして、できる限りの時間をここですごした。夫ルイ十三世とは、いずれにせよほとんど接触はなかった。

枢機卿でもあるリシュリュー公（1585〜1642）は王妃のこの訪問には大反対で、一六三七年、王妃に対してヴァル・ド・グラースへの立ち入りを一切禁じた。聖職者リシュリューが敬虔な王妃に縁深い教会への訪問を禁じるというのは奇妙であるが、その背景にあったのはもちろん政治的な策略である。一六三五年以来、フランス、詰まるところリシュリューは、スペインと戦争中だった。ハプスブルク家出身の王妃アンヌ・ドートリシュは、スペイン王フェリペ四世の姉にあたる。もちろんリシュリューは彼女が反リシュリュー派であることを知っていた。つまり、スペイン王室と王妃の間に危険な書簡のやりとりがあることも、そして、ヴァル・ド・グラース修道院が反対勢力の中心地となっていることも知っていたのである。ここは、なにかをたくらむ際には、間諜や貴族などの様々な勢力の代表者が入り乱れるルーヴル宮の中に比べて安全で、かつ静かな場所である。だが、その静けさだけが、ヴァル・ド・グラースを選んだ唯一の理由ではあるまい。実はこの修道院付近の地下には多数の地下《スーテラン》が存在し、理想的なアジトとなったのである。フォブール・サン・ジャックの地下の採石場《カリエール》跡であれば、秘密裏に人が集まることができたのだ。親スペイン勢力はこの事実を積極的に利用していたようだ。

リシュリューは一六四二年に没し、その時代もついに終わった。実のところ、その少し前の一六三八年には、彼が色を失う事態がすでに起きていた。結婚して二十年間子宝に恵まれなかったアンヌが、突然身ごもったのだ。神が王妃の祈りを聞き入れたもうたに違いない。これは奇跡である。しかも、皇太子となる男児ではないか。代々の伝統に従い、この子もルイと名づけられた。これが後のルイ十四世（1638

◉現代のヴァル・ド・グラース修道院。

◉アンヌ・ドートリシュ（左）と修道院長。

◉ヴァル・ド・グラースの
最初の建築家、マンサール。

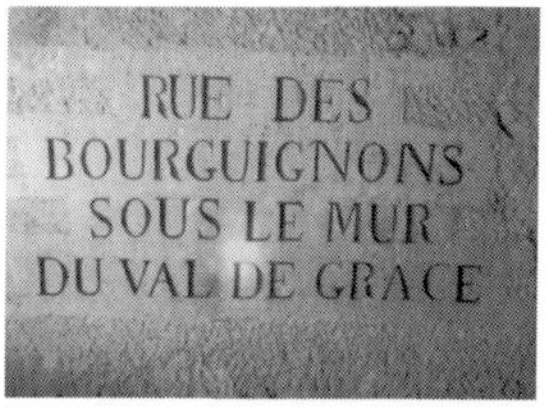

◉ 18 世紀には、坑道は正確に測定され、標識が取り付けられた。ここには、「ブルギニョン通り、ヴァル・ド・グラースの壁の下」とかかれている。

◉ある坑道は、地上の「ヴァル・ド・グラースの庭園」の名をそのまま借りている……画面中央付近の壁には「JARDIN DU VAL DE GRÂCE」と書かれている。

〜1715）である。一六四三年、国王が崩御すると、アンヌは幼王の摂政となり、それまで質素だったベネディクト会修道院ヴァル・ド・グラースを豪華に建て直す決意をする。修道院の教会の頂上に十七世紀当時のはやりにあわせて大きなドームをしつらえるよう指示し、自分自身の庵《いおり》とするために、宮殿のような別館の建設も計画した。華美に過ぎるのではないか、修道院の清貧の掟に反するのではないか、といった修道院長の異議はまったく無視された。かつて立ち入りを禁じられたこの土地で、アンヌは自分の権力を誇示する豪華な建物を建て、勝利を満喫したかったに違いない。

この新しい大事業を仰せつかったのは、パリの建築家フランソワ・マンサール（1598〜1666）である。マンサールは当時社交界の寵児であり、同時に鼻持ちならぬ伊達者といわれていたが、仕事に関しては徹底的な完璧主義者であった。その名を冠したマンサール屋根［☆二重勾配屋根、あるいは腰折れ屋根］だけでなく、教会のドームや多くの貴族の館で知られている。

一六四五年四月一日、七歳の少年であったルイ十四世が、礎石の敷設を命じた。基礎工事が始まるなり、地盤が空洞であることに気づいたマンサールは、さぞや狼狽したことだろう。地下には、三層からなる坑道をもつ採石場があった。この教会の建設予定地には、何世代にもわたる石工が、巨大な空洞を残していたのである。まず建物を建てる前に、地盤を安定させなければならない。マンサールの指揮下、大勢の工事団が地下迷路を調査し、地図を作成し、建物の主要な柱を建てることになる場所を計画的に補強することになった。地下の補強工事には三年以上が費され、地上の工事は著しく遅れた。本来であれば、すでにファサードが完成しているべき時期に、建物はまだ一階までしか工事が進んでいないという有り様である。もちろんアンヌも、これには激怒した。問いただされたマンサールは、すべての前払い金が地下工事に使い果たされてしまったことを告白しなくてはならなかった。アンヌの逆鱗に触れた彼は、解雇されてしまう。結局、マンサールの図面に基づいて後にこの建物を完成させたのは、他の建築家だった。サン・ジャック通りの巨大なドームは、ローマから直接影響を受けたバロック建築を思わせる。古いエッチングの風景画を見ると、この誇らかな建物が採石場のすぐそばにあったことがわかる。とはいえ、マンサールが地下に残した補強工事の跡は、今日でも彼の実力を証明している。

現在、修道院の正面広場にあった地下への入口や採石場への通路はふさがれてしまっているが、これはヴァル・ド・グラースが軍事病院であり政府要人の病院であることを考えれば当然の措置だろう。それでも、ときどき、密かに穴を掘っては、この禁じられた世界へ侵入する者がいる、という。

■ルイ十四世の天文台

ヴァル・ド・グラースの事業に失敗したフランソワ・マンサールに比べ、天文台の建設を引き受けたクロード・ペロー（1613〜1688）は、同じような地下の地盤問題にぶつかったものの幸運であった。

　ペローに建設を委託したのは、アンヌ・ドートリシュの長男で、成人して太陽王となったルイ十四世であった。この新事業には学術界が非常に力を入れ、影響力のある財務大臣コルベール［☆ジャン＝バティスト・コルベール（1619〜1683）］の後ろ盾も得ていた。彼が「学問と美術は、武力や武勇と同じように、国王の名誉に貢献する」と国王を説得し、それに成功したのだ。「科学アカデミー《アカデミー・デ・シアンス》」［★一六六六年、創設］の用地には、ヴァル・ド・グラースにほど近い、塀に囲まれた荘園地帯の郊外の広大な敷地が選ばれた。天文台にふさわしく、視界が四方に開かれた場所である。

　「赤頭巾ちゃん」や「長靴をはいた猫」といった童話を後世に残したシャルル・ペロー（1628〜1706）の兄であるクロ

◉ヴァル・ド・グラース修道院の下には、地下３層まである広大な坑道網が広がる。そのため、非常に手のこんだ空洞部分の補強が必要となり、17 世紀には地上の建設工事が著しく遅れた。

ードは、当時ルーヴル宮の柱廊《コロネード》を設計したことで有名だった。彼は建築家としてだけではなく、医学や物理学にも詳しく、内耳の機能を研究したり、カメレオンやカモシカを解剖したり、絹のストッキングを織ることのできる紡織機を発明したりしていた。クロードは、偉大なる世紀《グラン・シエクル》［★啓蒙思想と文化が花開いた十七世紀］の代表的な科学者である。

天文台の建設がいかにして始まったかについては、弟シャルルが詳しく書き残している。

立地が決定するなり、問題が続出した。敷地の地下は大きな採石場《カリエール》によって空洞になっており、大きな建物を支えるには適していなかった。

そこでやはり、洞穴の岩面をていねいに石積みの擁壁で支えるという、大掛りな補強工事が必要になったのだ。巨額の費用にもかかわらず、今回は建築家を邪魔する者はいなかった。

この工事の恩恵を最初にこうむったのは、奇遇にも、近くのフュイアント会の修道尼たちであった。彼女たちは、かねてからこの不安定な地盤に悩まされていた。塀が崩壊したり、壁が陥没したりといった事故が後を絶たなかったからだ。そ

◉パリ天文台の建物の断面図。建物の中央を地下深くまで突き抜ける観測用の管（チューブ）が設けられている。これは当初、天体観測用だったが、その後は物体の落下実験にも利用された。天文台の地下の温度は一定なため、この空間は、温度計の設定にも利用された。

◉パリ天文台の建築家、クロード・ペロー。

れはまるで、天が敬虔な貴婦人たちの敵にまわろうとしているかのようですらあった。一六六九年の九月九日には、修道尼たちの足下に大穴が空いてしまった。死傷者こそ出なかったが、彼女らはこれを天の警告と理解した。将来恐ろしい災害が起きないように地下で大掛かりな祈祷行列を催したほうがよいだろう、ということになった。とはいえ、修道院の建物の地下《スーテラン》はあまりにも危険で、そのような行列には適さない。しかし、運良く修道院のすぐそばにペローが天文台建設のためすでに補強し終えた地下部分があるではないか。そういう経緯でいよいよ一六七〇年の七月一日、大行列が実施され、地下室の一隅に小さな聖母像が置かれた。その名も「地下の聖母《ノートルダム・ド・ドゥスー・テール》」である。

クロード・ペローは、この敬虔な人々の行為や地下の聖母像には密かに苦笑していたかもしれない。代表的な啓蒙思想家であるペローにとり、尼僧たちの信仰はたいへんな違和感があるものに違いなかったからである。新しい建設事業の天文台は、研究所としてのみならず建造物自体が一種の巨大な科学的機械設備となることを目指していた。

このような目的は、建物の配置を見てもよくわかる。天文台の四壁面は、東西南北に正確に合わせてあり、建物の中央をパリ子午線が通っている。パリ子午線は、一八八四年にグリニッジの子午線にとって代わられるまでは、世界的に認められた標準子午線であった。また、フランス革命中、十進法に基づいた新しい尺度を探すべく、探検隊が出発したのもこの地である。六年間の探検旅行の末、一七九九年に科学アカデミーの探検隊が結果を御前報告した。新しい尺度は子午線の四分の一の一千万分の一とされ、「メートル」と呼ばれることになった。

天文台はこのように、気候や天体を観察するだけではなく、ありとあらゆるものの測定に携わっていた。ペローはあらかじめ地下の測定も想定していた。弟シャルルの話によると、地下にある空洞については、「実験ができる」とたいへん喜んでいたようである。彼は、地上の高さとまったく同じ深さで地下に続く螺旋階段を作り、地下にも実験室をしつらえた。螺旋階段の軸部分には、建物を垂直に、地上と地下あわせて五十六メートルにわたって貫く管《チューブ》が設けられ、恒星の天頂観察あるいは物体の落下実験などが行われた。気温が一定している地下研究所は、精密測定機器にとって理想的な環境であったため、後には温度計の設定にも使われた。そしてパリの天文台が「時間の殿堂」と称された一九二〇年には、世界に標準時間を提供する時計がここに設置される。それは、一九三三年に電話による時報サービス「オルロージュ・パルラント（話す時計）」が開設されたときも同様であった。世界時間の時計が地下に置かれる必要がなくなったのは、水晶や原子による時計が発明されてからのことである。

　この古い時計は、当初地下に放置されたままになっていたが、一九八七年、地下の不法侵入者を恐れて、地上に運ばれることになった。それと同時に、フュイアント会の地下の聖母像も上階に移されるのである。

　天文台の地下に無断で往来する人々がいることは、天文台が開設されてまもなくわかったことだ。それにはパリに関する多くの随想録《エセー》を書き残しているルイ＝セバスチャン・メルシエ（1740～1814）も触れている。

◉「サン・ジャック通り、天文台の入口の下」と書かれた地下の標識。

　パリ市民にとっては、田園風景の中に建ったこの風変わりな建物はひとつの驚異であり、多くの人々が散歩に訪れたほか、特に興味のある者は、その地下にも出かけていった。現代の観光客向けのアトラクション同様、当時もこの界隈では目端の利くガイドが訪問者から金銭を巻き上げる機会を狙っていた。悪魔を登場させるまでもなく、よいカモはいくらでもみつかったものだ。メルシエは次のように語る……。

　饒舌な門番によって、二時間ほど迷路の中を連れまわされたが、ずっと天文台の地下を歩きまわっているだけだった。しかしこの門番はいろいろな通りの下を歩いているのだ、と客に思いこませ、鍾乳石がある場所へくると、ここはセーヌ川の下です、と善良な人々に説明した。このような狡猾な手口により、かなりの収入を得ていたようだ。天文台の建物の敷地外に出ることもなかったのに、セーヌ川の下をくぐったのだと思いこまされていた外国人もいた。

今日のパリでは、仮にシャンゼリゼでのコーヒー一杯、あるいは「クレイジー・ホース」でのシャンパン一杯について法外な値段をふっかけられたとしても、これほどひどい目に遭う観光客はあるまい。

　天文台が完成してから、クロード・ペローは、再び本来の関心事であった解剖学に力を注いだ。彼は、ビーバーやカメレオンやカモシカを解剖した後、一六八八年にラクダの解剖を行ったが、そのときに感染症にかかって没した。

■アンシャン・レジームの建築熱

太陽王が発注した建造物の中で、天文台は比較的小さな事業だった。ルイ十四世の絶対主義的な権力誇示と贅沢は、パリ中に巨大な建造物を新築させた。代表的なものはルーヴル宮殿の拡張、ヴィクトワール広場やヴァンドーム広場のような新しい広場の建設、そしてもちろんヴェルサイユ宮殿の築造である。

建材の需要が前代未聞の規模に達したのも当然だろう。ルーヴルのような大事業は採石業界における人手不足につながり、財務大臣コルベールは国王の建造物のために、特別条例を発して採石場《カリエール》と石工たちを確保しなくてはならないほどであった。

ルイ十四世の後継者の時代にも建設熱はなおも続いた。ルイ十五世によるヴォジラール通りの「士官学校《エコール・ミリテール》」のためには、まったく新しい採石場が開発された。やがてこの熱狂は貴族階級全般に広まり、十八世紀にはフォブール・サン・ジェルマンに豪奢な市内宮殿が濫立しはじめた。現代では、これらの贅沢な御殿には重要な省庁が入っている。一七二〇年には、アンタン公がシャンゼリゼをエトワール広場にまで延長するが、その西側には新興の住宅地が開発された。これは、アルトワ伯やシャルトル公が不動産投機に走り、ブルジョワ階級の銀行家と共同で不動産建設の一大計画に乗り出したものだ。

まさに採石業者にとっては黄金時代であった。建材の価格は急騰し、石材はきりなく掘り起こされ、輸送され、町中に記念的な建物が新築された。

これはもちろん、危険も損害も無視してのことである。安全上の問題に関心を払う者は誰ひとりとしていなかった。王国の勢力誇示のために行う建設については、そんなことは二次的、三次的な問題に過ぎない。長い年月、採石場は、無計画に拡張されていった。

……ところで、当時の法律上の枠組は、公式にはどのようなものだったのだろうか？

元来、全国の鉱石を所有しているのは国王であった。「フランス鉱山の最高監督《グラン・メートル・デ・ミヌ・ド・フランス》」という役職があり、国王は彼に対して採掘を指示することになっていた。国王による採掘認可は、この最高監督《グラン・メートル》の所得を高額なものにし、その認可と引き換えに、国王は採石場に課税して利益の十パーセントを徴収していた。ところが一六〇一年、アンリ四世が急に慈悲心を起こし、同税を撤廃してしまったのである。その結果は惨憺たるものであった。税官吏のいないところには国の監視もない。すなわち採石業界はまったくの無法地帯となってしまったのだ。業者は、どんな勝手をしてもよいことになり、地下の採石を無制限に拡張していく。数百年にわたり、採石場の位置は誰に記録されることもなく、無計画に坑道が掘り進められたのである。そのよい例が、一六二八年に当時の工学上の奇跡とされたアルクイユの水道橋だ。アンリ四世の未亡人でルイ十三世の母であったマリー・ド・メディシスが権勢をふるった時代に建造されたもので、十三キロ離れたランジスから、湧き水を――一部は地下を通して――パリに輸送するものだ。

それまでパリの人々は汚れきったセーヌ川の水しか使えなかった。水道の清潔な水は、その三分の一はリュクサンブール宮殿のために、三分の一は水売りに、三分の一は庶民用の公共井戸にまわされる予定だった。残念なことにこのすばらしい建造物の地下部分は、古い採石場の坑道を通過しており、採掘の影響で、またたく間にひび割れてしまった。数十年後、「メディシスの水道」は水の半分を失う状態に陥っていた。採石事業者による付近での作業は禁じられ、違反者には体罰

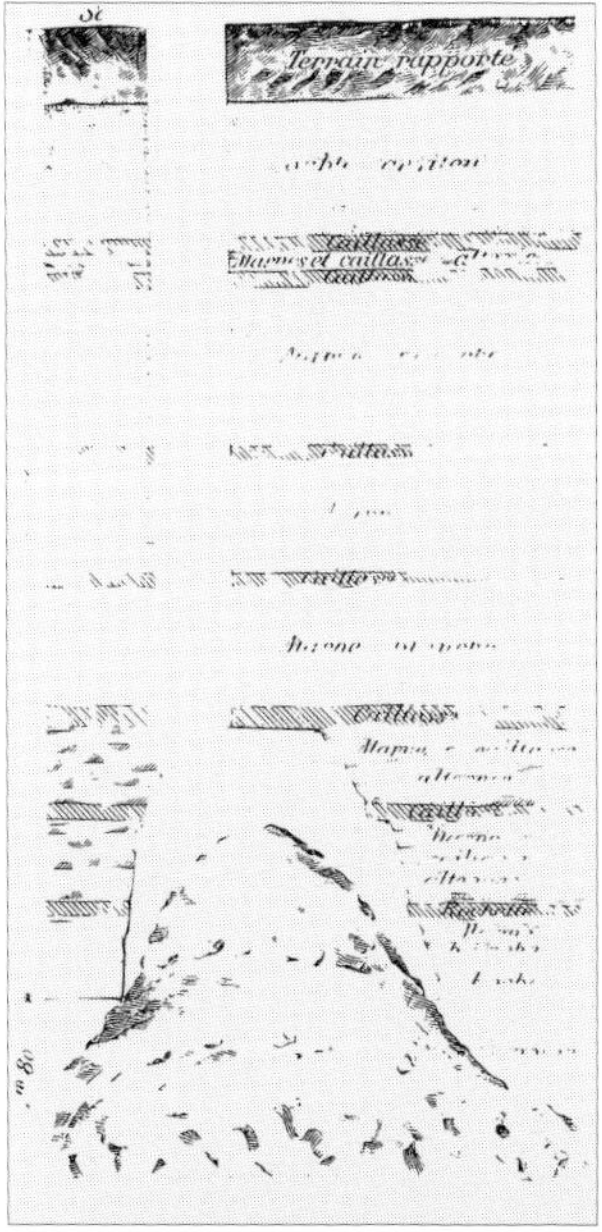

◉フォンティ型の崩壊［☆次章の「迷路の測定と補強工事」を参照］の断面図。多くの地層を通り、硬い岩盤まで連鎖する。

◉ 18 世紀末に起きた「ポール・マオン洞窟」の落盤の図［☆次章の「迷路の測定と補強工事」を参照］。

を科すことすら予告された。だが、地下の実態が把握されていない以上、取締りの徹底は不可能であり、規制を無視する採石業者は多かった。当局も、パリの地下で起きていることについてはまったくの無知であったため、充分な摘発ができない。建材の需要はますます増大し、認可地域では鉱床がすでに枯渇していたため、業者による規制を無視した採石が横行した。それはもちろん、建材を要求するのが当局側であったことも大きな理由である。

仮に規則を守ったとしても、大昔から放置されてきた採石場の問題が残っていた。枯渇した鉱床跡は多くの場合、家庭用のごみ溜めとして使われることが多く、ごみでいっぱいになって入口がわからなくなっていたことも多い。家々の下に広がる採石場は、次第に忘れられていったわけだ。

そのため、建築家は、大きな建設事業を手がけるたびに、頻繁に巨大な空洞にぶつかるようになっていた。ヴァル・ド・グラースを建てるときのマンサールがそうであったように、パリの守護聖人ジュヌヴィエーヴのための教会建設をルイ十五世に委託された花形建築家、ジャック＝ジェルマン・スフロ（1713～1780）も同じ憂き目にあった。「前代未聞の規模のドームを戴く革新的な建造物を設計しよう」――図面に

◉ 18 世紀の後半には、道路や家屋が倒壊したり陥没するケースが増えた、そのため 1776 年にパリの地下を調査し、地図を作り、段階的に補強するための専門の役所が設置された。

◉建築熱の一例――エトワール広場の古い市壁の門をつぶして、新しい敷地をつくっている。

向かっているうちに、スフロの計画は次第に前衛的とも呼べる形をとるようになっていた。このスフロの仕事はフランス革命中に完成され、「偉大な人々」をたたえるパンテオンとなった。残念なことにスフロはこの建物の完成を目にすることはなかった。新しい教会の土台となるサント・ジュヌヴィエーヴの丘の中は、シロアリの巣のような様相を呈しており、支えとなる壁に亀裂が入ったり、危険な傾斜が見られ、工事が難航したのである。スフロの死後、後継者はさらに支柱を補強し、安全上の理由から、予定されていた窓の設置も、一部を取りやめにしなくてはならなかった。もっとも、窓の数が減ったことは、「死者をまつる空間に窓はいらぬ」という革命中の風潮に沿うものではあった。

地下の迷路は大きな建設事業に限らず、日ごろから大小の日常的な惨事も引き起こしていた。パリは空洞の上で成長し、起きるべくして起きることが続発していたのである。

革命前の旧体制《アンシャン・レジーム》末期の数年間のパリについて、われわれにとっての貴重な情報は、非常に批判的で克明な描写を残している、前出のルイ＝セバスチャン・メルシエによってもたらされている。メルシエは『パリの情景《タブロー・ド・パリ》』〔☆邦題『十八世紀パリ生活誌』〕という随想集《エセー》で、革命前夜の時勢を冷徹に観察し、誰もが目をそむ

◉パリの街中（まちなか）や近郊で働く採石場の工夫は19世紀末まで非常に簡単な道具しか使っていなかった。

けようとしているパリの醜悪な姿に、一種の底意地の悪い喜びを感じながら、読者の注意を向ける。メルシエは特に、当時の建築熱に対しては非常に批判的な見方をしており、枯渇する採石場の問題にも触れている。

人々の庭園は石づくめで、かつては野菜が栽培されていた場所には背の高い建物が乱立している。町の中心は、石工のたゆみのないハンマーの働きによって姿を変えてしまった。サント・ジュヌヴィエーヴ教会とマドレーヌの周りには巨大な石材を運び上げる起重機が並び、モンルージュの平地には、直径九メートルほどもある滑車が回転して採石場を次第に涸れさせている。

メルシエがこう嘆いていたのは一七八二年のことだ。熱っぽい口調で建築家という職業をののしり、石柱廊などはくだらない流行で、無駄なものである、と愚痴をこぼす。派手な贅沢、材料の浪費……。

人のためにではなく、ツバメのために建設を行うような建築家など島送りにすべきだ。彼らは周辺の採石場を無駄な

◉大規模な補強工事を行っているにもかかわらず、今も突然地面が陥没することがある。写真は 1910 年にサン・ラザール通りで起きた事故。

贅沢のために搾取している。

本来、病院その他の福祉施設の建設に使われるべき建材が不足するという不都合以外にも、メルシエは危険を見出す。これらの建造物はいずれも「都市のはらわた」を空洞化して築造されるものではないか。

そびえたつ塔、神殿のアーチ。目に見えて天に聳え立つものはすべて、われわれの足下を欠けさせるものだ。

これは非常に不穏な考えである。

苦労して掘り起こした石材が再び元の場所に戻るには、大した衝撃を必要としない。

実際このような「衝撃」は決して珍しい出来事ではなかった。十八世紀の後半、パリの石畳は歩いているその足下から陥没することがままあった。道路が落ち、建物が崩壊する。社会的にも不安定だった時代に、地盤もともにぼろぼろになっていた観がある。一七七二年四月には、極度に増大する庶民の不安に対応するため、セーヌ左岸《リヴ・ゴーシュ》の地下採石場の規模を調査し、地図が作成されることになった。だが、その結果が発表されるなり、人々は安心するどころか、ますます不安になったものだ。住宅地の直下にある巨大な坑道と洞穴の網目は、住民を恐怖に陥れた。うすうす気づいていたことが、明白な事実として明らかになってしまったのだ。それまで空想の中で存在していた秘密の迷路は、実際に存在するものだった！大至急の対策を要求する声が高まった。

……その切迫した状況を裏付けるかのように、当時非常に大きな事故が続発した、特に郊外のモンルージュ地区で大被害が起き、連続して発生した地すべりは人々を恐慌状態に陥れたのである。一七七四年十二月十七日には、オルレアン街道が三百メートルの長さにわたって陥没し、二十五メートル下にあった採石場の地下二階に落ちこんでしまった。建物の一部もその穴になだれこんだものの、奇跡のように死者は出なかった。これに比して多くの犠牲者が出たのが、パリに移住したスコットランド人ジョン・ピンカートン（1758～1826）が書き残した、パリ北端で起きた悲劇の結婚式である。

メニルモンタンのとある建物の中で、挙式の後、幸せな新郎新婦が多数の友人や知人を呼んで大盤振る舞いをしていた。昼食が終わると、天気がよいこともあり、居酒屋の前の芝生の上でダンスをすることになった。だが、その芝生の下には、大きな採石場があり、突然の負荷に耐え切れず、楽しく踊っていた新郎新婦と約二十人ほどの客が、一瞬にして地面に飲みこまれてしまった。大穴は非常に深く、中になだれこんだ土砂の量も相当であったため、大勢の救済活動の甲斐もなく、ひとりとして生き残った者はいなかった。

似たような事件の噂は、あっという間に町中に広まり、メルシエが声を震わせるかのように劇的に描く、当時の一般的な不安感へとつながっていった。

あらゆるところに空洞があり、陥没した天井があり……まだ地表には現れていない崩壊箇所、地下水に洗い出された洞穴、大きな荷重に耐え切れずに倒壊する柱、さらにその下の空洞が続く坑道。なんという有様であろうか。なのに人々は、このような頼りない薄い膜の上に乗っている建物の中で、飲み、食い、眠っているのだ。

✴第3章　採石場監督局の創立

■一七七七年、局長ギヨモの就任

◉パリの採石場監督局は1776年に創立された。現在はダンフェール・ロシュロー広場にあるが、この建物はかつてパリの「徴税請負人の壁」の一部であった。隣はカタコンブ博物館への入口である。

ああ、光り輝く大都市パリ。創造性、理性、贅沢、ファッションの母。――しかし、内部では不穏な動きがあり、柱がきしみ、暗闇が口を開けていた。このような状態では、もはや政府が洞穴を数えあげ記録に留めるだけでは間に合わない。洞穴を調査し、即座に修理する必要があった。

　そういった経緯で、地下の危険を防衛するため、一七七六年に創設されたのが、「採石場監督局（アンスペクシオン・ジェネラル・デ・カリエール）」である。一七七七年、シャルル＝アクセル・ギヨモ（1730～1807）が初代局長に任命された。彼は、就任直後に地下に存在する危険について、次のような覚書を書いている。

　かくなる事情を知るにいたった識者の脳裏に真っ先に浮かぶのは、庶民が恒常的な危険にさらされている、という事実であろう。次に続く懸念は、かように見通しがきかぬがゆえに、巨大都市では不可避ともいえるすべての犯罪者を利する隠れ家の存在によって喚起されるであろう忌々しき影響の数々である。そればかりか、このような洞穴は脱走兵や謀反人によって大いに用いられることも考えられる。

これは一般民にとり、極めて危険なことである。なんたることか《ケル・オルール》！　善良な庶民の足下を正体不明の無数の犯罪者がうごめいている。盗賊、殺人鬼、反逆者。地下世界は、文字通り闇の世界である。当局にとっては、これは、ともすれば倒壊する家屋よりもさらに恐ろしい、震撼させられる事実であった。

これは同時に、新しい役所を待ち受けている課題がどれほど膨大で、そして新たに「国王の建築家」に任命されたギヨモにとっては相当な出世が期待できる、ということを意味した。多くのライバルを出し抜かねばならない、とギヨモも考えたに違いない。慇懃に何度も頭を下げ、王に対して礼儀をつくし、ごまをすることも害にはならないだろう。そのためか、この報告書の最後には、今となっては滑稽とすら思えるような文章が付け加えられている。

> かように恐ろしい土地を国王そして王室、公爵の方々などが狩猟で訪れ、突然地面が割れることによってさらされる危険を考えますとき、忠実な臣民は恐ろしさのあまり身を震わせることでありましょう。

出世のために歯の浮くようなお追従《ついしょう》を書いたのだろうか。ほんの数年後、王とその一族、そして王太子たちは、この「臣民」によって、歴史の舞台からひきずり下ろされることになる。だが、それはまだ少し後の話である。

ギヨモに話を戻そう。パリの足下にある「シロアリの巣」は、この局長に息をつく暇さえ与えなかった。就任早々、悪名高い地獄《アンフェール》通りで大事故が起きた。

一八五四年から一八五七年にかけ、新聞紙上に発表された『パリのモヒカン族』で、アレクサンドル・デュマ・ペールはこの事件を取り上げ、意地悪な目で描き出している。――一七七七年五月のこと。もう若くはない一組の男女が、アンフェール通りに面した窓辺に立ち、春のそよ風に吹かれていた。この倦怠期の夫婦はお互いを罵り合い、最後に夫は「地下に沈んでしまえ」と妻に毒づく。と、その瞬間、結婚の天使がその願いを聞き入れ、ふたりの家は地中深く飲みこまれてしまうのである。

◉この地下の刻印は、1777年に監督局長ギヨモの時代に実施された第一段階の工事実施を記録したもの。

この「市井のドラマ」は遅ればせなが

ら政府の関心を引き、以来今日までほぼ変わらぬ工法に従って、修繕活動が開始されることになったという。

■迷路の測定と補強工事

その修繕活動とはどんなものだったのだろうか。まずは、七百七十平方キロもの広がりをもつ地下都市の正確な地図を作成することからはじまった。

その次には道路と公共の建物の真下を通る地下空洞に等間隔で支柱を立て、その間に壁が建てられた。こうして道路の幅次第では、並行して二、三の廊下が出来上がった。廊下と廊下の間は、天井まで土と瓦礫《がれき》で埋めたてられた。

こうして地上の道路網を地下でも復元するほか、孤立した、すでに忘れ去られた坑道網を発見するために、まだ誰も手をつけていない岩石にもいくつもの検査孔が掘られていった。このようにして、非常に複雑で混迷を極める廊下の迷路ができあがったのである。

特に「フォンティ」と呼ばれる空洞の扱いには注意を払う必要があった。採石場《カリエール》の天井の崩壊が誘因となる土砂崩れによって、次第に円錐形の空洞が拡大していく。スコットランド人のパリ探検家ジョン・ピンカートンの言葉を借りれば「円錐形のドーム」ができあがっていくのであるが、その進行をとにかく止めなくてはならない。

これらの地盤沈下を阻止できなかった場合には、土砂は円錐形を描きながら次第に地下深く落ちこんでいき、最後には地表が割れて、円形の大穴が開く。

地獄《アンフェール》通りの不幸な夫婦が落ちていった穴と同じようなものだ。監督局は、このような現象を発見するたびに、手間をかけて天井に穹窿《きゅうりゅう》状の補強を行った。これらの作業は非常に費用がかかるもので、当初の予算はまたたく間に使い果たされてしまった。はじめは四十人ほどいた労働者の数も、あっという間に四百人に増えていた。その中のひとりが、悲劇的な形で地下に永久に跡を残していったデキュールという人物で、別名をボーセジュールといった。

彼の奇癖については、当時の仲間もおそらく首をかしげていたに違いない。この男は仕事が終わっても地上へ出ようとせず、暗い穴倉に入りこんだまま、黙々と岩に城砦のような建物の模型を彫りこんでいった。この「城砦」とは、バレアレス諸島メノルカ島にあるマオン港《ポール・マオン》の牢獄である。元兵士デ

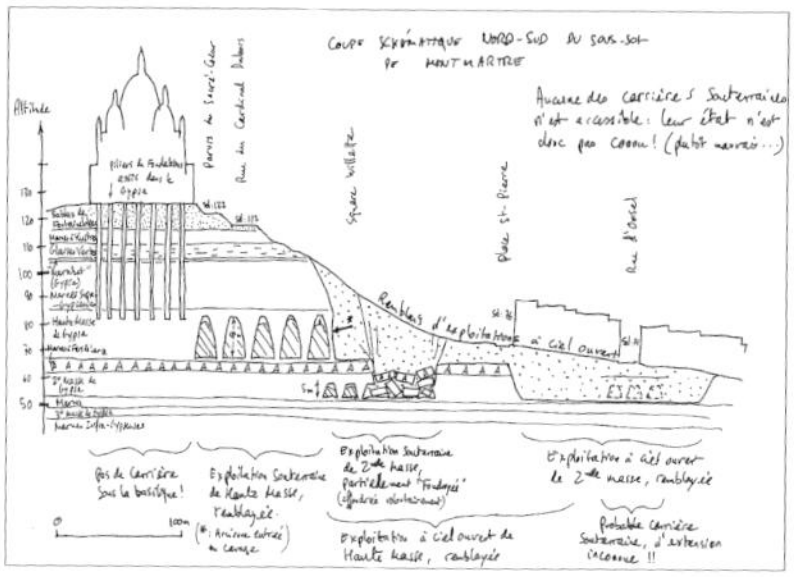

◉モンマルトルの丘の断面図。埋め立てられた古い石膏採掘場の空洞とサクレ・クール教会の地盤の中の支柱が描きこまれている。

◉石灰岩採石場の坑道が崩壊した後の補強工事の様子。19世紀後半の写真。

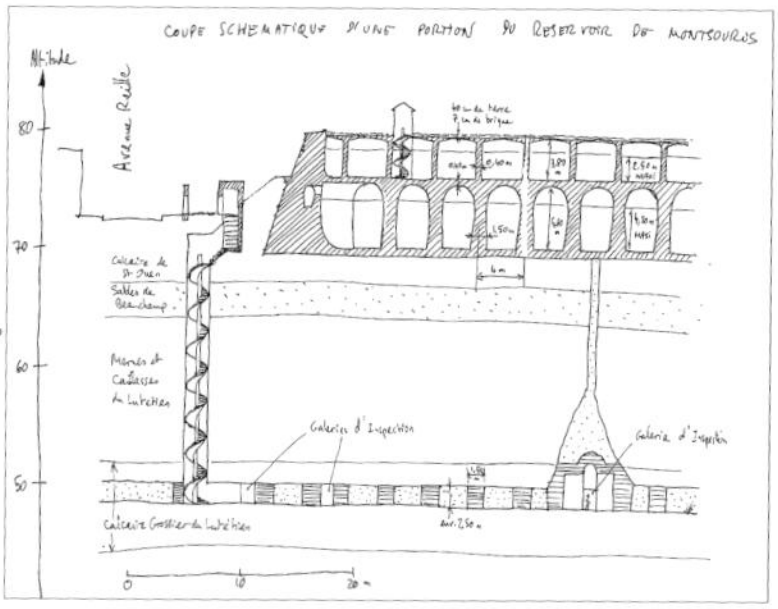

◉陥没した部分を補強した後、新たな検査用地下道を設置されたモンスリ貯水場の断面図。

◉ 1873年の建設工事中に地面が陥没したモンスリ貯水場。

キュールはそこで英軍の捕虜として数年間を過ごしたのであるが、その時期に心のどこかにひびが入ってしまったらしい。彼は六年間にわたり、まったくひとりで、憑かれたようにかつての自分の牢獄の再現に打ちこんでいた。おそらく、抑えられない衝動を抱えていたのだろう。

デキュール作の「ポール・マオン洞窟」は、床がタイル張りで、石のテーブルと石のベンチがしつらえてあり、あたかも「サロン」のような内装が施されている。完成は一七八二年。デキュールはそこに座り、自分の作品を眺めていた。そして非常に満足していた、という。それでも、まだ足りないことがあった。彼は、上階の坑道へつながる階段を作ろうと考えた。残念なことに、その作業中に落盤が起こり、石に打たれて命を落としてしまった。上司であったギヨモはこの不幸な洞窟男のためにポール・マオンの模型の横に、次のような文章を刻んだ記念碑をたててやった。

本作品は一七七七年、国王の老兵デキュール、別名ボーセジュールによって始められ、一七八二年に完成した。

残念なことに、このポール・マオンの模型は、公式のカタコンブの見学ルートの中には入っていない。地下への訪問者が、この非常に行きづらい場所にある熱狂的彫刻家の作品を目にするのは、非常に珍しいことである［☆ポール・マオンは二〇〇八年に再開され、正式見学ルートに加えられた］。

■見えざる場所の古典主義

地表からは見えないところで進められていた補強工事であるが、地下の職人《アルチザン》たちは決して手抜きはしなかった。今日地下を歩きまわる者は、公共の視線に触れ評価されることを想定せずに造られたこれら匿名の地下工事の質の高さに感嘆せざるを得ない。石灰石の擁壁は正確を極め、古典主義に則って規則的にしつらえられている。庶民の目に触れぬものでも、完璧に造形されている。あたかも、この地下三十メートルの場所に位置する、とりとめのない、敵意に満ちあふれた迷路を十八世紀末の古典主義的な理想に従って克服し、統御しようとしているかのようである。石の標識を彫った彫刻師たちの仕事にも感心させられる。

一七七七年以後、地下の回廊には、地上の地名にあわせて、通りの名をていねいに掘りこんだ標識がとりつけられた。これらの仕上がりは、地上に置いても遜色のない、高品質のものばかりである。現在、地上では多くの地名が消えたり、改名されたりしているため、これらの地下の標識は、そこを歩く者にとって多くの思い出や懐古趣味を喚起するものとなっている。

例えばポール・ロワイヤル大通り。ここは、地下ではいまだにブルブ通り、すなわち「泥んこ通り」である。さぞや昔はひどい状態であったに違いない。そしてコシャン病院の下には、「性病院の下」という標識がある。昔日の梅毒患者たちがしのばれ、憐れを誘う。

標識の一部は、家の番地もまだ徹底していなかった時代に造られたものだ。誇りある名家ほど、家に画一的な番号を振られることに抵抗していたようである。「ジョリヴェ氏」もそのようなひとりであったのだろう。彼の家の下には、「Rue《リュ》 St.《サン》 Jacques《ジャック》 sous《ス》 la《ラ》 porte《ポルト》 de《ド》 M.《ムッシュー》 Jolivet《ジョリヴェ》（サン・ジャック通り、ジョリヴェ氏邸の玄関の下）」という標識が残っている。

これらの補強工事の日付と責任者を今日まで識者に知らしめる標識は、一時革命暦が使用されたこともあり、見たところ非常に謎めいて見える。例えば「I《イ》G《ジェー》Ⅸ《ヌフ》R《エール》」とは、共和国暦九（一八〇三）年に、ギヨモの指揮下で工事が行われたことを示している。だがいかなる労働倫理あるいは美的理想を追求していようと、これらの工事が過酷な労働をともなっていたことはいうまでもない。ギヨモはこう書き残している。

これらの作業のすべては、指揮官たる職人《アルチザン》と作業を実行する労働者にとっては命がけのものであった。幾人もが死亡し、多くの者が怪我を負い、不具の身となっている。最初の数年間は、採石場《カリエール》へ降りることは、戦場の土壌で戦うのと同じであったといっても過言ではない。採石場における惨状の多くは、数百年間にわたって堆積したものであるため、数年間で是正できるようなものではない。私も私の部下も、これらの作業の完了を体験することはあるまい。

実際、補強工事の第一段階には百年間を要した。旧体制《アンシャン・レジーム》末期に始まった事業は、実に大がかりであった。十九世紀の半ば以後は、鉄道という新しい輸送手段のおかげで、パリの建材も外部から取り寄せることが可能になり、採石場も閉鎖されることになったが、補強工事はその後も続けられた。特に、大きな建設事業が計画されるたびに、監督局の出動が必要となった。例えば一八六八年にパリ南部に大きな飲料水の貯水場《レゼルヴォワール》が予定されたときがそうだった。穴だらけのモンスリ地区に容量二十万立方メートルもの飲料水用の貯水場を建設するにあたっては、地下に千本以上の石柱を林立させて、地盤を補強しなくてはならなかった。

■税関の壁の下

シャルル＝アクセル・ギヨモは、採石場監督局の局長に任命されてまもなく、もうひとつの大きな課題に取り組まなければならなかった。地下における密輸の問題である。

　この事態は、旧来よりよく知られたものであった。パリへの輸入品には、昔から重い入市税が課せられていた。特にワインの税率は非常に高く、そのため、パリの市壁の多くの門前には、にぎやかな繁華街が形成されていた。陽気《ゲテ》通りなどがそのような状況を反映している。庶民は、安いワインを求めて、市壁の外の繁華街へ出かけていったものだった。

　このような事情から、当然密輸も盛んになったのである。特に地下ルートはよく使われ、ルイ十四世治下の警察庁長官であったマルク＝ピエール・ダルジャンソンは、その回想録の中で一七〇六年の発見について触れている。ある殺人事件をきっかけに警察がビエーヴル川の岸辺に立ち並ぶ安飲み屋を捜索したところ、大量のタバコ、塩およびワインが発見さ

◉警察が「ビュット・ショーモンの廃坑となった石膏鉱床に密輸人と盗賊が混じっている」として、隠れた路上生活者（クロシャール）を逮捕している様子。

◉1783年、当時のパリ市の境界線に沿い、「徴税請負人の壁」が建設された（内側から三つ目の線）。南側には、古い採石場の坑道がその地下に通り、密輸人により利用されていた。

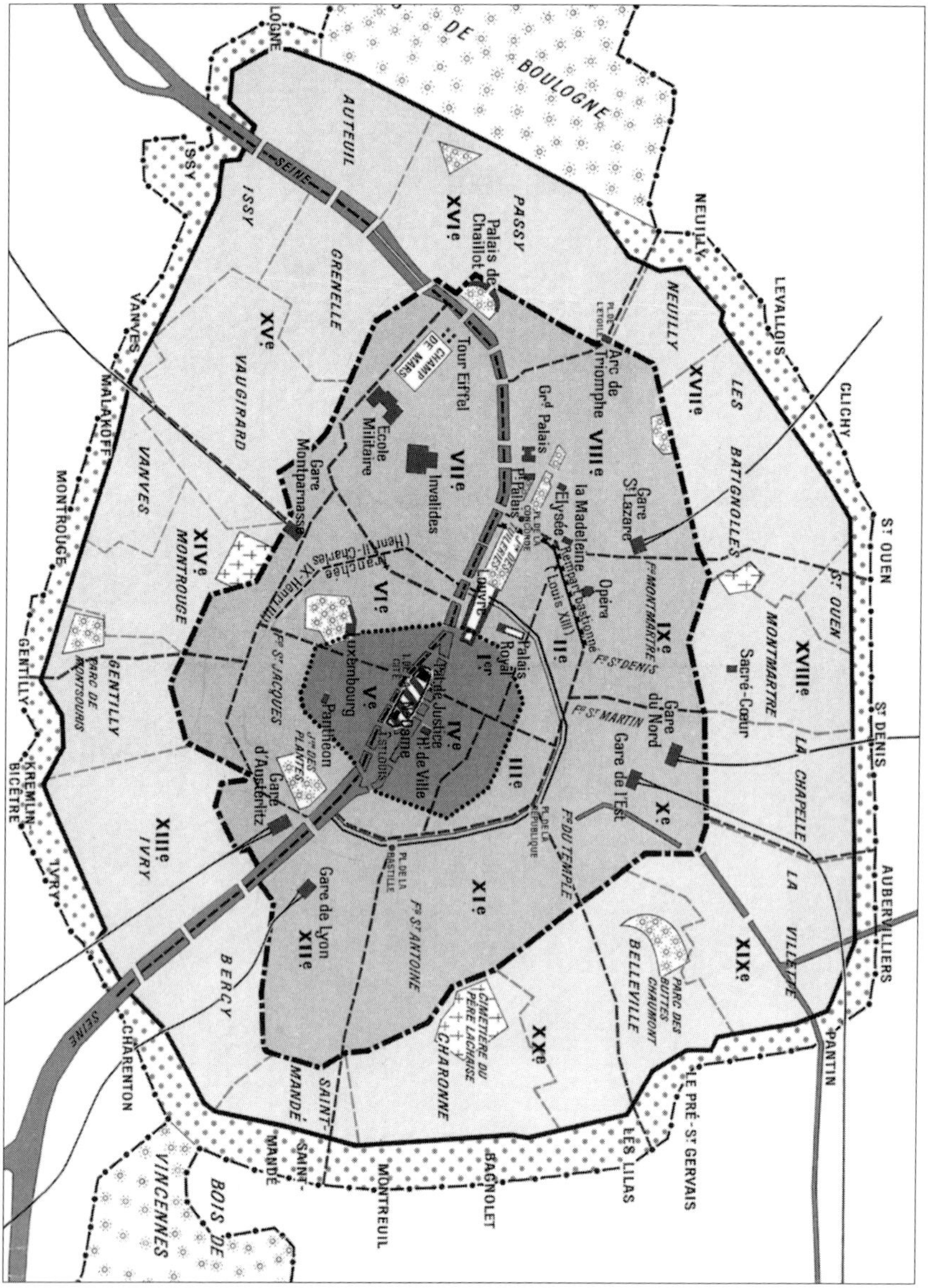

れた。さらに詳しく調べたところ、入口が市壁の外にある地下坑道も発見された、という。

パリの密輸業界は非常に長い間たいへん活発に活動し、社会のあぶれ者扱いを受けていた採石場《カリエ》の工夫たちの助けを借りることも多かった。

そして一七八三年、税務署が当時のパリをすっかり囲いこむ塀を建設すると、これらの物資の輸送活動はさらに活発になった。「徴税請負人の壁（ル・ミュール・デ・フェルミエ・ジェネロー）」と名づけられたこの市壁の高さは二メートル、その六十ヶ所には当時の前衛建築家ルドゥー［☆クロード＝ニコラ・ルドゥー（1736～1806）］が設計した関門がしつらえられ、そこには発砲許可を得ている警備隊が配置されていた。

「これらの関門の建物は粗雑で大仰であり、全体的にいかめしく、威嚇的な様式である」と時代の目撃者ルイ＝セバスチャン・メルシエは書きとめ、「ルドゥーさん、あなたはなんとひどい建築家か」と悲嘆している。

もちろん、この市壁の評判は、美的センスによって左右されるようなものではなかった。メルシエは搾取されている一般民を代弁するようにして、税務署に対する不満をぶちまけている。

> すべての抵抗できない庶民の首を絞めるような、血を吸い上げるような、そして庶民の財産すべてを使い放題にするほんの二、三百人の人間に振り分けるような、この巨大で悪魔のような機構を転覆させることができるなら、私はすぐに自らの手でひっくり返してみたいものだ。

そしてメルシエは、新しい建造物を皮肉っている。

> いずれはパリ全体を包囲することになる高さ五メートル、全周十一キロのこの信じがたい市壁は、千二百万フランの費用を要するが、年間二百万フランの収入を確保するのだから、本当によい投資である。民衆にもっと多くの金額を支払わせるために、このような壁の建設費をまず支払わせる。これほど都合のよいことがあるだろうか？

重税にあえぐ庶民は、このような条件下、課税されていない物資を不法に入手することについて、良心の呵責を感じることなどいっさいなかった。一方、この新しい壁が、地下の通商路の活発化に貢献したのも当然である。地下の地理に詳しい者は、利鞘の大きな商売が期待できた。こうして「徴税請負人の壁」の真下では、密輪が大繁盛し、規模も相当大きくなっていったのである。

もちろん、そのことは政府の耳にも入った。そのため、任命したばかりの地下に関する最高責任者に取り締まりを依頼することにした。規律を重んじるギヨモには、それなりの考えがあった。密輪を防止するため、彼は税関の壁の下にもうひとつの壁を建設して、地下といえども市内に入るすべての不法ルートをさえぎり、その上で地下にも警備隊を置いたのである。また、採石場の工夫たちの間でも、密輪を副業としている者は多かったため、続いてギヨモは粛清作戦を打ち出した。

これらの措置は、密輪業者《コントルバンディエ》の仕事を確かにある程度困難にしたものの、完全に撲滅することはできなかった。

坑道がさえぎられてしまってからは、彼らは鉱床の上に広がるやわらかい地層に新たな抜け道を掘りはじめ、お上の壁を迂回した。これらの地下道への出入口は、通常、壁の内外の民家の地下室にあった。もちろん、以前に比べれば密輪も難しくなり、危険をともなうようになっていた。密輸人は、ブツを縄でひきずりながら、狭い坑道をモグラのように這っていかなければならなかった。もちろん、落盤に遭うのは覚悟の上である。後日、古い家を取り壊したり、地下工事を行ったときに、ときどきこれらの小さな抜け道が日の目を見ることがある。

記録が残っている大きなものとしては、オピタル大通りの下を通り、十三区のデュメリル通りのある井戸まで続いていた地下道。また、ポール・ロワイヤル大通りをくぐってヴァル・ド・グラース修道院の近くのフュステル・ド・クランジュ通りに続いていたものなどがある。一九九二年には、シャルル・ド・ゴール・エトワール＝ナシオン間の路線［RERのA線］を建設する際に、モンパルナス墓地とユイジャン通りを結ぶ密輪ルートも発見された。小さな地下道の中でも長い部類に属するものは、新しいモンパルナス駅建設の際に発見されたエドガール・キネ大通りにはじまり、古い関税の市壁に沿って、二百五十メートル先にある現在の「一九四〇年六月十八日広場」で終わっているものだろう。

◉モンスリ貯水場の基礎の下にある石造りの検査用地下道。

◉毎年の保全作業中に撮影されたモンスリ貯水場の上階。水が溜まっている状態での水位はアーチの上までとどく。

◉前頁：13区にある、古い坑道網の地下2階へ降りるための石造りの地下道。

◉サン・タンヌ病院の敷地の地下。

◉６区のアサス通りの下、石灰の塊の中に掘られた検査用地下道。

◉ 13 世紀にできた地下にある、
18 世紀末に石で補強された坑道。

DESCENTE DE LA
DOUBLE-CARRIERE

◉ 14 区、ルクレール通りの地下教会といわれる広間は 18 世紀のもので、現在のパリの地下でも最も美しい区域のひとつ。

◉ 1780 年に刻まれた、監督局長ギヨモ指揮下の建設

◉ 1793 年に迷子になったヴァル・ド・グラース修道院の門番、フィリベール・アスペールの墓所。

◉ 1787 年以後、カタコンブには市内の墓地から遺骨が移転された。最初に移されたのはイノサン墓地の骨である。

✷第4章　カタコンブ

■漂う屍臭

税制と「徴税請負人の壁」について文句をいうことは、大革命前夜のパリに堆積していた多くの不満のはけ口のひとつにすぎない。もうひとつの大きな不満は、全般的な大気の状態にかかわるものだった。とにもかくにも、パリは臭かったのである。

花の都ではなにかが腐敗していた。実直なルイ＝セバスチャン・メルシエは、このテーマについても詳しい記録を残している。

人々はいずれ、建造物の尖塔などが見えないうちから、世界一を誇るこの都市に近づいたということに気づくようになるだろう。まだ町の形も見えないというのに、嗅覚が警告を発するに違いない。

そして、最後には心からの悲嘆の声を上げている。

ああ誇らしい都よ！　壁のうちにはなんたるおぞましい秘密を隠しているのだ。

実をいうと、悪臭は、大昔からパリの特徴とされてきたものである。ただ、旧体制《アンシャン・レジーム》の末期から、それまで我慢していたものを人々が我慢しなくなってきた。歴史家アラン・コルバンによると悪臭に対する許容力は時代とともに次第に低下

する傾向がみられる。

すなわち、十八世紀の半ば頃から、臭《にお》いがそれまでよりも敏感にかぎとられるようになったということである。

［☆コルバン『においの歴史』第一部第三章。以下、同書の引用は邦訳（山田登世子、鹿島茂訳、藤原書店、1990）より］

パリっ子たちは、もはや我慢をしなくなっていた。それもそのはず、パリの悪臭とは、屍体の腐敗臭であったのだ。

原因は、教会や墓地の実態に求めることができる。メルシエは、こう書いている。

ほとんどの教会には、屍体の腐敗臭が満ちあふれており、それが人々を追い払い、最近ではそのためミサに出かけない者もあるくらいだ。

教会内に墓所をつくることは、昔からの習慣であり、それは教会にとってのよい収入源であった。サン・テュスタシュ教会だけでも、その床石の下に三百人分の亡骸が埋葬されていた。当然、教会の衛生状態はよくなかったわけだが、墓地の方もなかなかたいへんな状態にあった。スコットランド人ジョン・ピンカートンによると、モンマルトル墓地は「フランス流のいい加減な埋葬習慣のおかげで、かなり遠くから著しい悪臭を漂わせている」ということである。当時のモンマルトルといえば、まだ寂しい僻地であった。

最悪の状態にあったのは、むしろパリの都心部にあったイノサン墓地である。そして何よりもそのすぐ隣の敷地には、肥満王ルイ六世の時代から、パリの食料庫たる中央市場があった。実のところこの中央市場は、墓地の隣どころか、その敷地に入りこんでいる状態にあった。イノサン墓地の塀の内側では、商人、大道芸人、娼婦などが幅をきかせており、納骨堂の回廊には、代書屋、屋台、賭博師、熊の調教師などが

◉イノサン墓地は、18 世紀に閉鎖されるまではパリ最大の墓地であった。隣の敷地には 1200 年頃から中央市場があった。

店を出していたのである。いつも著しく賑わっていたこの場所の唯一の欠点は、その悪臭にあった。この小さな墓地はしばらく前から満杯状態にあったのだ。

数百年前から、イノサン墓地では、屍体を何重にも重ねて埋葬するようになっていた。メルシエは「ここの土は、亡骸を土に返すまでの時間を与えられていない」と嘆いている。埋葬そのものも、ますます粗雑に行われるようになっていたため、その結果、市《いち》が立てば子どもがされこうべを拾ってきて玩具がわりにして遊び、犬が骨をかじるような有様であった。メルシエは、屍体が悪臭を放っているその真っ只中で、近隣の若い娘たちが髪飾りやアクセサリーを買っているという不謹慎さに憤慨している。

このような状態では、墓地への参拝者や市場の商人などが、早急の対策を要求したとしてもなんら不思議ではない。ヴォルテールでさえ、パリにおける埋葬の実態と耐え難い悪臭を批判している。屍体の山は次第に高くなり、医師たちは「大気の汚染」を訴えるようになっていった。――このままではいけない。三百ヶ所を超えるパリの墓地について調査を行った市議会の報告書も、そのすさまじい悪臭を報告し、都心部にある墓地の閉鎖を進言した。それでもひとまず教会はそれ

◉イノサン墓地は、早くから人骨があふれていたので、周囲には骨や頭蓋骨を安置するための納骨堂が建設された。

に反対した。一千年前から続いている特権を守らなくてはならないからだ。教会は全力をあげて現状維持を主張し、何百年も続いている習慣を変更することによって生じる社会不安がいかに危険であるかを強調した。だが、どれほど伝統を重んじ、敬虔であろうとも、我慢には限界というものがある。

ミサに出席することは人々にとり拷問に等しかった。教会の近所に住んでいる者は、食べ物に変な後味がする、と訴えた。肉屋は、肉がまたたく間に腐ってしまうということに気づいた。教会の中庭から発せられる悪臭は住宅に侵入し、壁紙すら変色させた。メルシエは書く。

ワインは樽をあけたとたんに酢に変わってしまう。

■墓地の閉鎖と遺骨の処理

一七八〇年、ついにたいへんな事件がおきた。イノサン墓地に隣接する民家の地下室で、その家と墓地の間をさえぎっていた擁壁が墓地側の土壌の圧力に耐え切れずに崩壊してしまい、ワイン樽やその他の食料品の在庫が並ぶ倉庫の中に、貧民用の共同墓地の中身がなだれこんでしまったのだ！ これは、本当にまずかった。耐え難い悪臭が充満し、「料理されたばかりの食料が即座に腐敗した」。清掃にあたった労働者は窒息しそうになり、隣接する店舗の主人たちは病いに倒れた。

人々の忍耐はこのときに限界を迎えたといっていい。イノサン墓地における埋葬はその年の内に禁じられた。そして一七八五年には、教会の反対を押し切って、国民議会が同墓地の最終的な閉鎖を決定したのである。

採石場監督局の局長シャルル＝アクセル・ギヨモは、納骨堂に適した地下のスペースを用意するよう指示された。彼は、すでに廃坑となり、補強工事も終わっている一万一千平方メートルの「トンブ・イソワール（イソワールの墓）」と名づけられた区域を選び、他の地下網から切り離すことにした。そして早々に遺骨の移転が開始されたのであった［★パリ郊外モンルージュの「トンブ・イ

ソワール」には、巨人イソレの墓という伝承が
あり、地下採石場にはカタコンブが設置された」。

まずは不気味な作業から始めなければならない。イノサン墓地の屍体があふれかえる地面から、すべての遺骨を掘り起こさなければならなかった。人目に触れてはならない、ということで、この作業は深夜、たいまつの明かりの下で行われた。しかし、どのような悪臭が漂おうと、野次馬は遠くからでもやってきた。

もちろん、メルシエもその中のひとりである。

想像してみてほしい。たいまつの炎、そして、初めて開かれる巨大な墓穴——その中に散乱する、無造作に投げこまれた多数の亡骸、人の残骸とも呼べる骨の山。ところどころ、古い棺の蓋を燃している焚き火があり、墓碑の十字架の影が痙攣したように揺れ、明かりにさらけ出された真夜中のこの場所の恐ろしさ！　近隣の人々は目をさまし、ベッドから起き出して駆けつけている。窓からのぞく者あり、近くまで寄っていく者あり。近所中が集まってくる。美女も青年も、恐れと好奇心が相まった複雑な感情を抱きながら、見物にきている。野次馬たちと、この殺伐とした場面、寂寥感極まる炎、死んでしまった人々の亡骸とは、なんと

◉16世紀の埋葬風景。サン・ジノサン教会が描かれている。

対照的で不釣り合いなことか！

一方、この作業を大いに喜んだのは、公式に移転作業の監督を任されていた王立医学アカデミーである。報告書には、こう書き残されている。

なんと多くの奇形や病い、構造の多様性を観察できることだろうか。このような宝庫を、利用せずにおくのは許されないことである。

何千体もの骨格を掘り起こせるとは、医学界にとってなんたる幸運か！　彼らにとっては、充実した人体標本コレクションを完成させる絶好の機会であった。

公衆衛生と医学に携わる者以外には、霊的な事柄にかかわる者もこの一件に介入した。教会関係者もそう簡単には撤退するわけにはいかなかったのである。いかにおぞましい状態にある墓地とはいえ、あくまでも墓地は「聖地」であり、このような大事業を宗教抜きで実施することは不可能であった。汚染された土壌から掘り起こしたもののすべてに対して、祝福を与えなおさなくてはならない。また遺体の移転にしても、それなりの手続きを経た上で行われなくてはならないものである。黒い喪布に覆われた馬車の行列は、神父と修道僧たちにともなわれて町を南に向けて進んでいった……。

他の教会の墓地もイノサン墓地に倣って解散し、遺体は新しい納骨堂に移転されることになった。こうしてパリ市民は四年間にわたって夜な夜な聖歌と祈祷にともなわれながらガタゴトと通り過ぎていく不気味な葬列にたたき起こされるこ

◉図の人物は、死者が出ると鐘を鳴らしてそれを触れまわる。彼らは、墓地からカタコンブに遺骨を移転する夜中の行列を、ランプを手に先導した。

◉ 18 世紀末にパリ市内の墓地が解散させられた後、遺骨はカタコンブに放りこまれ、石灰岩の採掘によって残された空洞を埋めることになった。

とになった。毎夜の騒音は、当該の経路に面して暮らす人々にとって、諦めるしかないお定まりの悪習であった。

　目的地のトンブ・イソワールに着くなり、荘厳だった遺体の輸送も、あっという間にまったく違う様相を呈した。

　御先祖様がどのような扱いを受けるか、監視する衆人の目がなくなったとたん、「おい、いくぞ」という掛け声とともに、運ばれてきた遺骨はいちどきに穴の中に放りこまれた。亡くなった人々の尊厳などはおかまいなしに、遺骨は地下に落ちるなりばらばらになり、単なるがらくた扱いをされて、カタコンブの労働者によって、あらゆる空洞に配分された。六百万人分のパリ市民の遺骨はばらばらに、英雄も泥棒も母親も娼婦も市民も貴族も、誰が誰だかわからなくなってしまった。

◉地下に残っている数少ないブルボン王朝の家紋であるユリの花。1789〜95年の革命の間は、これらの王政を象徴する家紋のほとんどが破壊された。

　そして、不気味な骸骨の山にひかれてカタコンブを訪れる野次馬も早くから登場する。最初に訪れたのは、宮廷の貴族たちであった。アルトワ伯などは若い貴婦人を数人連れて地下を訪れた、という。あの哀れなデキュールが築いた「ポール・マオン洞窟」のテーブルで食事会が開かれた。ポリニャック伯爵夫人もギシュ伯爵夫人も地下をのぞきにやってきた。——「まあ、なんと恐ろしいところでしょう」

　暇をもてあましている宮廷の人々にとって、やっと十二分なスリルを体験できる機会であった。これらの高貴な生まれの婦人たちは、ほどなく自分たちを襲うことになるスリルに富んだ人生を、想像することもできなかったろう。

■革命期——貴族の隠れ家、大量墓地

パリの地下は、フランス革命にもいろいろな形でかかわった。不気味な地下迷路の真の姿が明らかになり、庶民に衝撃を与えたのは、その直前のことだった。一七八九年に勃発した革命の後、社会のすべての秩序が崩壊し、何もかもが疑わしいものばかりになったそのとき、隠れた地下都市の存在は、人々の不安と想像力をかきたてたのである。

　採石場《カリエール》に犯罪者が隠れているかもしれない、というシャルル＝アクセル・ギヨモの懸念に代わり、地下に反革命勢力が集結するのではないか、という強迫観念が蔓延したのである。

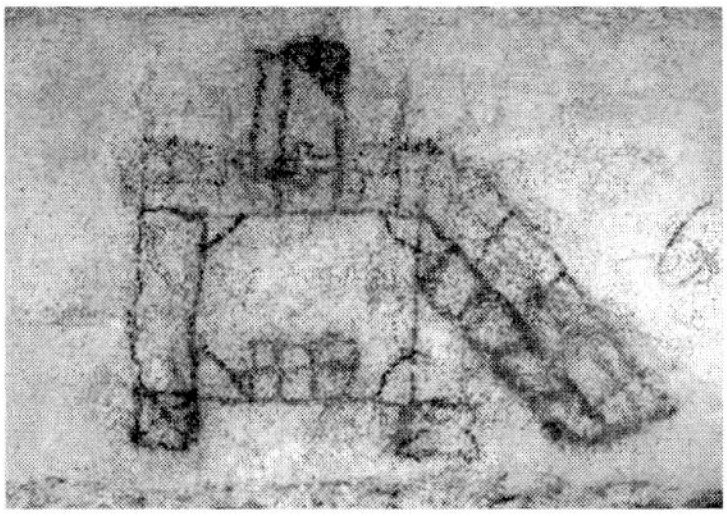

◉フランス革命期の落書き。ギロチンを表している。なぜこのような絵が地下に残されているのかはわからない。

――「一万人のドイツ兵と六千人のスイス兵が、下水道《エグ》を含めた地下のさまざまな拠点から、彼らに町の略奪を約束したコンデ公爵、ブザンヴァル男爵およびランベスク侯爵に率いられて出撃するだろう」という根も葉もない噂が一七八九年に流れた、とウォルシュ子爵の『フランス革命回想録』には書き残されている。

興奮した民衆は、採石場に陰謀者が隠れ、公共の安全が危機に晒されている、と考えた。セーヌ左岸《リヴ・ゴーシュ》の役所は、当時の不安感を反映する多くの捜索記録を残している。サン・シュルピス教会の地下あるいはフォブール・サン・マルセルに貴族の隠れ家があるという密告があり、捜査の対象となった。公安が現地へ出動したものの、それは単なる噂であった。あるいは、古い石灰の採石場の迷路をパトロールする自警団が、隠匿された武器庫を探していたこともあったようだ。

特に、革命の支持者は天文台を目の仇にしていたようだ。王立施設であった以上、怪しいと思われたのも当然のことかもしれないが、この建物の目的も今ひとつ一般には不可解であった。バスティーユ襲撃の二日後には、三百人の武装した男たちが天文台に現れた、という。所長のカッシーニ［☆ジャン＝ドミニク・カッシーニ（1748～1845）。初代所長ジョヴァンニのひ孫］が、科学の砦で政府の転覆を狙っている、と疑われたのだ。カッシーニは回想録にこう書いている。

私の望遠鏡は、パリに向けられた大砲だと思われ、また毎晩私が研究室のある塔に点した灯りは、私がサロンに貴族を集めている証拠である、と思われていた。

乱暴な来訪者はいくつかの精密機器を破壊し、カッシーニに地下を案内させた。そこに秘密の武器庫がある、と思われていたからだ。このような「訪問」は、その後何年かの間に何度も繰り返されている。

とはいえ革命中、パリの地下に多くの人々が身を隠していたことは確実である。興味深いのは、その事実が一種の社会的強迫観念を引き起こしていた点だろう。

一七九一年六月二〇日に国王が国外脱出をはかったときも、即座に地下に逃げたに違いない、という噂がたった。翌日パリ地区の国民議会が特別会議を開き、「地域行政は市行政に対し、パリ市地下に存在する採石場を詳しく調査し、特にチュイルリー宮の地下に回廊があるかどうか調べ、これらを探し、捜索するよう指示する」と発表している。

愛国者たちが、国王一家はここに逃げたに違いない、とモンスリ地区の坑道に侵入し、怒り狂いながら探しまわっている頃、ルイ十六世はとっくにヴァレンヌの近くにいた［☆国王は六月二十一日にヴァレンヌで逮捕される］。

これに対して、整備されたばかりだったカタコンブのほうは、非常に実用的な形で革命に巻きこまれた。一七八九年に不穏なフォブール・サン・タントワーヌにあるレヴェイヨン壁紙工場前で起きた暴動に警察が介入したときに発生した多くの死者は、早速この地下墓地に運ばれた。――邪魔な屍体の大半は、人目をしのんでこのように処理されたのであった。例えば多くのスイス人傭兵が命を落とした一七九二年八月十日のチュイルリー宮殿の襲撃。またその一ヶ月後に起きた九月虐殺の犠牲者……。

一七九二年九月二日、反革命軍がパリに近いヴェルダン要塞へ到着した。そこでパリでは大急ぎで義勇軍が結集された。興奮した群集は、義勇軍が外敵との戦いに出陣する前に内部の敵を一掃しなくてはならない、と考え、シャトレ、コンシエルジュリー、サルペトリエールおよびビセートルの監獄に収容されているすべての王政支持者、聖職者などの容疑者を殺すことにした。だが彼らは、実際にはあらゆる監獄に侵入し、手当たり次第に無差別の虐殺を行った、といえる。死者の数は千人を越えた。

行政側は、このような制御不可能の群集の発作的暴力の「結果」をできるだけ早く隠蔽しようと考え、またもやトンブ・イソワールの地下墓地がそのための格好の空間と判断された。ただし、今回埋葬されるべきなのは、遺骨ではなく「生」の屍体である。最低限の処理を行わなくてはならない。そのため、ある採石業者にその作業が発注された。一七九二年十月一日付けの請求書によると、「トンブ・イソワールと呼ばれるプティ・モンルージュ地区にある指定の場所に運ばれた屍体を裸にし、坑道を通って地下採石場へ運び、そこから政府に墓地と指定された場所へと運搬し、土葬するために必要になった土木工事を行い、腐敗効果を抑制するための石灰を撒く」ために要した材料費と十人の労働力の日当の総額は千百二十リーヴル四ソル六ドニエだったということである。

九月虐殺は、革命の暗澹たる一章に違いない。だが、その直後に、革命軍はヴァルミの戦いで勝利した。「ゲーテをして、これで世界史上に新しい時代が始まる、といわしめたヴァルミの戦いと九月虐殺というふたつの対照的な事件をもって、市民革命と妥協の時代は終わる」とミシェル・ヴォヴェルは述べている。これに続いたのは「市民カペー」と呼ばれたルイ十六世の処刑［★元国王ルイは王朝の創始者の子孫として「カペー」という姓を名乗らされた］、ジロンド派［☆ブリッソー（1754～1793）を中心とする穏健派］の敗退、ジャコバン派［☆ロベスピエール（1758～1794）を中心とする急進的な革命推進派］と一時的に密接に結びついたサン・キュロット［☆バスティーユ襲撃の主力となった革命派労働階級］に組織される民衆台頭の革命暦二年である。サン・キュロットはその後しばらくの間革命の渦の中心をなし、革命政府に過激な措置を強要した。彼らは「テロ」支配を実現し、革命の敵に対して徹底的な撲滅活動を推進し、キリスト教の撤廃を推進した。「妄信と迷信」を撲滅するべく、教会を「理性の殿堂」と改名し、聖人像はすべて破壊され、聖職者は神を捨てる誓いを立てさせられ、修道尼は結婚を強制され、教会や王政をしのばせるような道路や広場の名前は、すべて改定されたのである。

その影響は地下の回廊にもおよんだ。しかし教会勢力が、地上では比較的早くに汚名を払拭することができたのに対し、地下は歴史の足跡を忠実に残している。ジャック通りの標識

◉しばらく身を隠していた地下生活から、ジャン＝ポール・マラーが地上に戻る場面。

のように、「聖《サン》」を奪われてしまったものは、今でもそのままであるほか、ブルボン王朝の家紋であるユリの花も、石工によって消されたままになっている。逆に今になってもときどき、残されたユリの花が瓦礫《がれき》の中から出現することがある。おそらく敬虔な、あるいは王に対して忠実な石工がひそかに隠し、後世に残したものだろう。

■地下に逃げた「人民の友」、マラー

この脱キリスト教の時代には、「殉教者の丘《モンマルトル》」という名で殉教者聖ドニをまつっていた地区も、ジャン＝ポール・マラー殺害後、改名を申請して「モン・マラー」に名を変えた。

そこでここから話はパリの地下と深いかかわりのある人物へと移る。モンマルトルの地区議会は、「この不滅の英雄」が革命初期にこの丘の採石場《カリエール》跡に身を隠していた、ということを地区の改名の理由として挙げている。

後世の歴史家は、マラー（1743～1793）を他の革命家に比べて極端に悪者扱いし、一種の怪物のように描いている。ヤーコプ・ブルクハルト［☆スイスの歴史家（1818～1897）］などは「生まれつきいやしい人間であった」と決めつけ、「完全に人を軽んじていた」といいきっている。しかしマラー自身は、独自で創刊し、主にひとりで記事を書いた新聞を「人民の友」と名づけた。妥協者や妨害者から擁護されなくてはならない、革命の担い手である人民の友を自認するマラーは、貴族に対してはまったくの非情性を示し、彼の過激な主張は注目を集めた。革命勃発当初から王政撤廃を要求し、王室に対しては威嚇的な発言を行い、「独裁者」と協力するすべての者に怒りを向けた。

――首を切れ。鼻を切り取れ。貴族は街灯につるし上げろ。

彼を追った国民軍の最高司令官ラファイエットも、敵とみなされる妥協者のひとりだった。

◉ダヴィッド（1748～1825）作、『マラーの死』（ベルギー王立美術館蔵、1793）。

一七八九年十月、煽動的な活動を理由にマラーに対する逮捕状が出された。過激派のマラーは潜伏し、「人民の友」は地下から発行された。マラーは隠れ家を転々として、ときどき姿を現しては警察に追われ、また潜伏した。元医師であるマラーは、不法な冒険的生活を送ったことにより、早くから伝説的な存在となった。不屈の戦士としてのイメージも、彼自身が養っている。いわく「愛する祖国によりよく仕えられるよう、私は悲惨と危険を耐えしのいできた。毎日、殺人者の軍団から逃れ、三年間の地下生活を強いられた」

彼の地下生活については、数多くの憶測が存在する。ある肉屋の地下室と、コルドリエ修道院の地下聖堂に隠れていたほか、モンマルトルの採石場の石膏製造用の高炉の中に隠れていた、といい伝えられている。一七九一年には、ラファイエットの過激派追撃活動の結果、パリの下水道《エグ》でかの有名なおそろしい皮膚病にかかり、後にシャルロット・コルデイによる刺殺現場となった浴槽につかりきりになった、ということだ。

◉ジャコバン派支配が終わった後には、マラーの胸像は破壊され、下水道に捨てられた。

このように地下《スーテラン》は、長年の逃避行と潜伏の象徴として、マラーを象徴するようになっていった。当時の風刺画にも、王政倒壊後、マラーがディオゲネスによって地下の穴から日の当たる場所へ連れ出されてくる様子が描かれている。革命史の大御所ジュール・ミシュレ（1798〜1874）は、マラーを悪しざまにののしっている。

光とは無縁の、褐色の顔色をしたこの奇矯な男は、とうていこの世の者とは思えなかった。

だが、少なくとも最初のうちは、マラーもサン・キュロットからの喝采を浴びていた。そして一七九三年に暗殺された後には革命の殉教者となり、愛国者による崇拝の対象となったのである。

ギロチン広場に立てられたオベリスクの足元部分には、マラーをあらわすモグラが刻みこまれている。――地下を掘るモグラ。全国に何千ものマラー協会が創設され、道路も橋も広場もマラーの名前を掲げていた。かつて教会であった建物にはマラーの胸像が置かれ、一時はマラーの像がイエス・キリストの像に代わったのであった。ジャック゠ルイ・ダヴィッドの有名な油絵［☆『マラーの死』(1793)］にもマラーは新時代の殉教者として描かれている。一七九四年、マラーの遺骨は革命の聖人として、フランスの偉人をまつるパンテオンに移転され、ヴォルテールやルソーの横に並べられた。ちなみに、彼のために場所を空けたのはミラボーであった。

もちろん、この崇拝もそう長くは続かない。革命暦の熱月《テルミドール》九日（一七九四年七月二七日）にマクシミリアン・ロベスピエールをはじめとするジャコバン派が倒れ、テロ政治が終焉を迎えると、マラーにちなんだすべての地名は再び消され、記念碑や胸像は破壊された。

反革命派のジュネス・ドレ［☆「輝ける青年団」。王党派を支持するブルジョワの若者たち］は、一種の退廃的なカーニバルのようにマラーをパンテオンから運び出し、遺骸と胸像を下水溝に捨てた。歴史における象徴的な皮肉である。

■エリカール・ド・チュリーの「人骨展」

ロベスピエールの敗北とジャコバン支配の終焉をみた熱月《テルミドール》は、革命の進行上、大きな転換点となった。民衆に対する風向きが急激に変化したからである。秩序、安穏、安定を望んでいた一般市民にとり、革命的な諸活動は、ただ恐ろしいばかりであった。しっかりと地に足をつけて暮らしたい、という思いが強まったそのとき、地下の不安定な状況が思い出された。

革命中は、採石場《カリエール》の修繕および補強活動は完全に中止されていた。だが、パリ市は破産したのも同然の財政状態であったため、革命暦六年の雨月《プリュヴィオーズ》（一七八九年二月）には、セーヌ地区行政の委員が、議会に採石場修繕事業再開のための債券を発行するように、陳情書を提出した。この委員の演説は、時代に合って大仰であり、熱情的である。

立法機関たる同志諸君！ 革命は、われわれの暮らす土地および地盤に安定をもたらす工事を遅らせ、他方では独裁と自由の対決、政治的な嵐、自由な人間によって鳴らされた大砲のとどろきなどが広い範囲にわたって地下《スーテラン》に反響し震動させ、われわれの記念すべき戦いの舞台を支える支

◉ 19世紀初頭に、カタコンブが整備された直後の挿絵。

◉上：廃止された墓地から運ばれた遺骨は、エリカール・ド・チュリーの構想に従い、地下に積み上げられた。

◉ 19 世紀初頭の整備直後に
カタコンブを訪れる見学者。

柱を揺るがしたのであります。われわれが海洋を解放し、フランス国民の尊厳が受けた侮辱をいかにして報復しようか考えている間にも、いつでもわれわれの足下にある暗闇が口を開く危険があるのです。われわれは奈落の上に立って議論を行っているのであります！

人々は不安定なもの、あぶなっかしい地盤、そして何よりも採石場《カリエ》の工夫を恐れた。革命暦十年にしたためられた「公共の安全を考慮した場合の採石場の搾取について」という覚書ではこの問題に次のように言及している。

本文書は、石材の採掘で使われることのある道徳性のない、習慣的に悪徳化している労働者に起因する忌々しき影響を未然に防止することを目指す。

採石場の工夫は、穢れなき少年合唱団ではない。彼らは、つい最近まで活動していたサン・キュロットと同じ人種に属していた。

もちろん、中には社会の異端者たるいわくつきの過去をもっている者も混じっていただろう。いずれにせよ、彼らはとにかくブルジョワがいるパリの市壁の向こう側に棲む、採石場の界隈で育った人々だった。一般的には、この職業の人々は統治されることを嫌い、安いワインを好み、喧嘩好きだったといえた。彼らは、革命には全身全霊を捧げて参加し、その後パリで人民蜂起があるたびに、積極的に参加したのである。アレクサンドル・デュマ・ペールによると、市壁のアンフェール関門《バリエール・ダンフェール》周辺の人々は、彼らが町へ近づくと「ほら、モンルージュの石工たちが町に降りてくるよ」と叫んだ、という。

そして、シャトーブリアン［☆フランソワ＝ルネ・ド・シャトーブリアン（1768～1848）］も、『墓の彼方からの回想』の中で、一八三〇年の革命中にモンルージュの「野郎ども」が伝道師のベッドや書物を道路に放り投げ、放火して、彼らを追い払った様子を描いている。シャトーブリアン自身、何人かのおびえる聖職者をかくまった。

このような民衆の暴力性は、ブルジョワにとって悪夢であった。旧体制《アンシャン・レジーム》に幕を引くにあたっては便利だった「民衆《ル・プープル》」だが、その彼らが要求する「平等《エガリテ》」は、それほど無理に実現したいとは思えないものだった。――そろそろ発酵する社会の底辺に鎮まってもらいたい。安心できる環境、わかりやすい規範、市民生活の平常化。それを体現している

◉パリの上層階級では、家族そろって週末にカタコンブを見学することが流行した。

かのように思えたのがナポレオン・ボナパルト（1769～1821）であった。革命に終止符をうち、ブルジョワの平常化願望をかなえるとみなされた。

　地下にもそのような精神は反映されている。ここに新しい風を吹かせたのは、一八〇九年から採石場監督局の局長となったエリカール・ド・チュリー［☆ルイ＝エティエンヌ・エリカール・ド・チュリー（1776～1854）］だ。彼が後世に残した最も大きな功績は、カタコンブの入念な整備だろう。彼は、カタコンブをできるだけ多くの人々に一般公開することを目指したのである。

　革命後のナポレオン時代の秩序は、軍隊に影響されたものだった。エリカールもカタコンブを軍隊的な美学に則って整備している。「大腿骨、気をつけえっ、頭蓋骨、せいれえっつ」――彼は混沌たる骸骨の山を幾何学的な構造原理に従って片付けたのである。

　押入れのような状態は許されない。帝政《アンピール》時代の精神は、人骨の並べ方にも反映されている。役人的な感覚で、足や腕の骨は整然と重ねられ、間に頭蓋骨や大腿骨が幾何学模様を形づくっている。

　もちろん、この一・五メートルほどの高さにまで積まれた展示用の壁の裏には、昔ながらの混乱が残っていたが、これは見学者の目に触れない部分であった。見学者用には、天井に煤で線を引いて、きちんとした順路が定められていた。

　エリカール・ド・チュリーは、特別のアトラクションとして、「病理学標本室《キャビネ・ド・パトロジー》」というものも開設し、そこに奇形やその他様々な病変を示す骨を展示した。長すぎる、短すぎる、歪曲している、空洞だらけになっている骨、珍しい形をした頭蓋骨など……。カタコンブの娯楽性を高めるための見世物である。ただし、訪問者があまりにも多くの展示物を盗んだため、いずれはこの標本室《キャビネ》も閉鎖されてしまうことになる。

　カタコンブの模様替えは、骨の整理だけではなく、見学ルートのところどころに設置される名言やことわざなどを刻ん

◉たいまつやランプに照らし出される頭蓋骨（画面右下）。地下への遠足は物見遊山の種になった。

だ記念碑や柱も特徴的だ。宗教的な書物あるいは娯楽書からの引用もあれば、各場所の重要性を強調する文章もある。死者の尊厳とか、死ねば人はみな同じである、時の流れは非情である、あの世の秘密、人間の哀れ。――エリカール・ド・チュリーは自分の功績にたいへん満足していた。

一八一九年と一八一一年に実施された作業のおかげで、われわれは、これまで誰にも注目されていなかった、今でもパリ市民の大半にとっては未知の墓所であるカタコンブに、整然たる姿を与えることに成功した。これは、世界的にも非常に特異なモニュメントであり、すでに訪問したすべての諸外国の旅行者や芸術家によって、古代より人類に残されたものの中で比較することのできない無二のものであると礼賛されている。

見学者の間でカタコンブは大成功をおさめた。親子連れが屍体安置所《モルグ》の見学にでかけることもあった当時の不気味《ホラー》好みの風潮にはぴったりであった。そんな風潮の中で、エリカールの徹底的に整備された地下世界は、魔術的な魅力を放っていた。パリの新しいアトラクションは大きな話題になり、反ナポレオン軍がパリを訪れたときも、一同の関心を呼んだ。このパリ名物は、だれにとっても無視できないものだった。一八一四年三月一六日には、オーストリア皇帝のフランツ一世もこの寡黙で壮大な見世物を見学しに訪れている。

もちろん批判者もいる。ゴンクール兄弟［☆エドモン・ド・ゴンクール（1822~1896）とジュール（1830~1870）は、共に小説家・歴史家。兄エドモンの遺言とジュールの遺産により、一九〇三年に設けられた同名の文学賞で後世に名を残す］は、「整然と並べられた人骨は、ベルシのワインセラーを髣髴とさせる」といい、この「頭蓋骨の文庫」の、「少しの風情も残さないような役所然たる秩序」に文句をつけている。

ルイ・フィリ

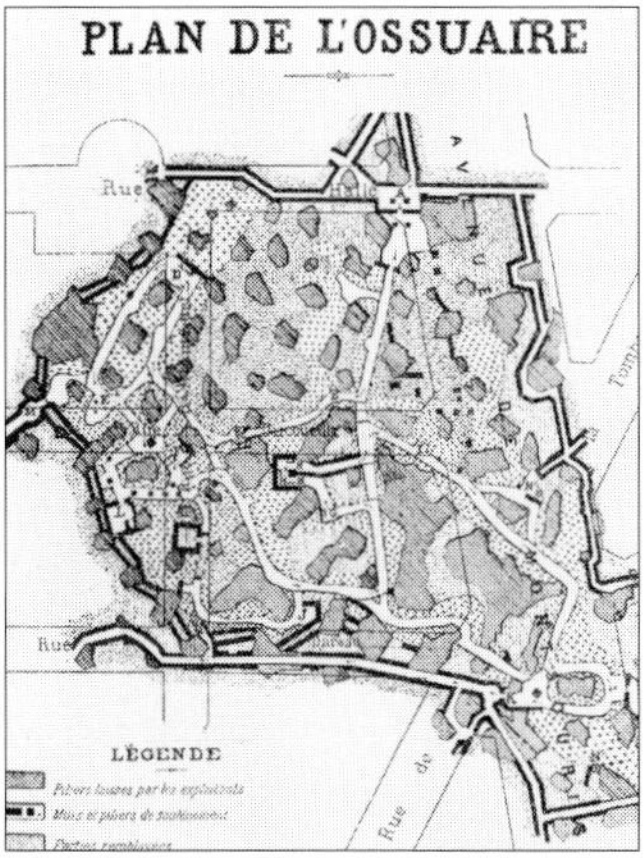

◉ 1811年に整備された後、見学者に開放されたカタコンブの地図。地形は現在までほとんど変わっていない。

ップ王（1773〜1850）の時代にパリ知事を務めたランビュトー伯爵［☆クロード＝フィリベール・ド・ランビュトー（1781〜1869）］もあまり満足していなかったようだ。彼の癪に障っていたのは、薄暗い回廊における器物損壊《ヴァンダリスム》と、ある特殊なスリルを求めて意図的に「迷子になる」カップルであった。そのため、一八三〇年にカタコンブを閉鎖して、一般公開を中止した。モンルージュの責任者は、自分の管轄区の経済的な利害を考慮して再開することを申請したが、次のような論拠で却下されている。

このような広大な地下《スーテラン》は、いかに警備隊が努力しようとも悪人の隠れ家となりうる、という公共の秩序の観点からも多くの危険を含むだけではなく、人骨をまったく不適切極まりない形で幾何学模様、対称形などにアレンジして人目にさらすことが、死の世俗化につながる、と考える。衆人の好奇心を満たすためにこれを公開することは倫理に反し、文明国民としては耐え難いことである。

■「黄泉の国」への訪問――その今昔

しかし。

……人々はダンフェール・ロシュロー広場で午後の一時半

◉カタコンブの入口前にできた長蛇の列。訪問者の列は採石場監督局の中庭で整理された。1905年撮影。

から行列をつくって待っている。レジャーウェアを着た家族連れ、陽気な観光客が、おしゃべりをしたり、笑ったり、太陽に目をしばたいている。カタコンブの扉がもうすぐ開かれるのだ。懐中電灯を持参している人もいる。二時ぴったりに列が動き始める。まずは、入口で入場料を支払う。ひとりあたり二十七フラン［☆この記述はユーロ統合前。二〇〇九年現在のレートで換算すると千円前後］。それから、長い螺旋階段を下へ降りていく。足音、笑い声などが鳴り響く。ひとり泣き始めた子どもの声も聞こえるが、大半の人は楽しそうにジョークを飛ばしている。カタコンブは、月曜日をのぞいた毎日の見学が可能だ。現在ここはカルナヴァレ博物館（パリ歴史博物館）の一部であり、その大きな収入源となっている。……

ランビュトー伯が閉鎖を指示した二十年後に、パリの大納骨堂は再び好奇心のある人々のために開放された。はじめはまず年に四回だけ、書面で許可を得た者に限定されていた。一八六〇年にはナポレオン三世（1808〜1873）がじきじきに訪れた。しばらく後には、ビスマルクが政府訪問の傍らカタコンブへ招待され、スウェーデンのオスカル皇太子がこれに続いた。一八七八年、一八八九年、また一九〇〇年の万国博覧会では、毎週土曜日に一般に公開されることになった。そ

◉カタコンブ見学者は入口でろうそくを買うことができた（19 世紀の挿絵）。

して、次第にカタコンブの見学に異議を唱える声は減っていき、地下の納骨堂を観光名所とすることに対する抵抗も消えうせていった。

……カタコンブは、パリの採石場跡《カリエール》の中で、公式に見学が許されている唯一の部分である。照明も換気も完備し、清潔で歩きやすい。そのため、ややもすると、イメージからずれることがある。見学者はまずルネ・コティ大通りの下に続く長い回廊を突き進み、左右に鉄柵によって脇道が封鎖されているマリー・ド・メディシスの水道の下をくぐる。解説用の札には、採石場監督局による補強工事の説明がある。だが、人々はこれらには目もくれず、お望みの刺激に向かってまっしぐらである。それは、「Arrête! C'est ici l'empire de la mort《アレット！　セティシ・ランピール・ド・ラ・モール》(とどまれ！　この先は黄泉の国ぞや)」と書いてある札を掲げた扉の奥にある。だが、もちろん誰も止まらない。止まらずに進むところに、スリルがある。いけないことをしているのではないか、という不安が冒険心をかきたてるのだろう。……

第二帝政の時代［★一八五二年十二月二日、ナポレオンの甥ルイ・ボナパルトは、クーデターにより一八四八年の第二共和国憲法を無効と宣言し、皇帝ナポレオン三世となった。その支配は一八七〇年、普仏戦争での敗北によって終わった］、カタコンブが再びはやりはじめた。大きな影響を与えたのは、ナダールことフェリックス・トゥルナションだった。彼は、当時のパリの売れっ子写真家だった。オッフェンバッハ、クールベ、ドーデ、アラゴ、ボードレール、ネルヴァル、ジョルジュ・サンド、ゴンクール兄弟……誰もが彼に肖像写真を撮ってもらっていた。

ナダールの、カピュサン大通りにある大きな看板を掲げた数階建てのアトリエを知らぬ者はいなかった。彼の商売は繁盛していた。パリ社交界の寵児であるナダールは、流行のカフェに出入りし、自分のモデルとなった多くの有名人と親交があった。

だがそれだけでは、このやり手で、伊達者の、詩人、写真家、画家、作曲家のナダールにとって、もの足りなかった。長いこと苦労をして築き上げた名声のおかげで、ある時期から何もしなくても飛びこんでくる成功だけに満足することはできなかったのだ。新しい可能性に挑戦し、新しい挑戦を探し、写真という新しいメディアの可能性を実験した。彼は気球に乗ってはじめてパリの鳥瞰図を写真にとった人間だ。これは前代未聞の出来事であった。そして、次には地下に侵入したのである。

ナダールは、最初はカタコンブに出かけ、次には下水道《エグ》を訪れ、それまでカメラで撮影されたことのないモチーフを次々に手がけた。何ヶ月もの間、彼は憑かれたように地下で

●カタコンブで骨身を削る人夫。
1861 年と思われるナダールの作品。

◉世紀末の退廃趣味。1897 年 4 月 2 日、カタコンブで開催された音楽会。

仕事をする。これだけの時間と資本をなぜこのような実験につぎこんだのか？　もちろん先駆者としての精神と探検心も大きな原動力となっていたろうが、その大元にあったのは彼のぬきんでた商魂——宣伝効果の高いイベントをかぎつける能力だろう。ナダールは一八六一年、人工照明下での写真撮影を可能にする技術を発見し、特許を取得している。地下の写真は、新技術の可能性を鮮やかに証明するものだった。彼は、カタコンブで百枚以上の写真を撮り、またもや町の話題をさらった。——ナダールがまたすごいことをしでかしたらしい。すごいやつだ。空からパリの写真を撮ったと思ったら、次は地下を歩きまわったそうだ。——ナダールの名声は限りなく高まった。カタコンブの写真の一部は一八六二年のロンドン万国博覧会でも紹介され、ナダールは、一八六九年の『写真屋で』といったような、地下の写真をテーマのひとつとしている喜劇やオペレッタにも登場するほど有名であった。

以来、カタコンブの公開日には、黒山の人だかりができた。ナダールの写真撮影によって、カタコンブは人々の好奇心の対象となるようになったのである。だがナダール自身は、「当世流行の地下世界への遠足」という風潮を軽視していた。回想録『私が写真家だった頃』では、カタコンブの入口で列をつくる訪問者が、まるで危険な大探検に出かけるかのように、何キロもの重さのろうそく、大きなパンやチョコレートといった緊急用の食糧などをもってきていること、そして列で待つ人々の態度などを滑稽に描いている。

とりあえず深刻な顔をする者があり、またはわざとらしく楽しそうに振舞う者もある。だが、どこかすべての者に共通する表情がある。それは何か秘密の、重大な使命を帯びたときのような、ちょっと思い上がったような神妙な顔つきだ。

一八六二年、すなわちナダールの撮影の一年後には、ゴンクール兄弟が地下へ降り、人々の態度に嫌悪感を示している。

あの世の入口で冗談を飛ばしたり、納骨堂を遊園地にしてしまうパリの道楽者には憤りと胸の痛みを感じる。

以来、その様子にあまり大きな変りはない。現代では、カタコンブを訪れる道楽者がパリのみならず世界中から集まってくる、という点をのぞいては。

……楽しそうにされこうべを手にもってハムレットのポーズで写真を撮りあうオランダ人。「汚いからさわっちゃだめよ！　すぐにそこにもどしなさい！」と叫んだのは、大腿骨を振りまわしている息子を連れたドイツ人の母親だ。「あとでちゃんと手を洗いなさい！」

遊園地のおばけ屋敷さながらのムードである。少しだけ驚きを示しているのは、ホラー映画を見慣れているはずの子どもたちだろうか。「すごい、屍体がこんなにたくさんあるなんて」という子ども。もうすべてを見聞きしたような顔つきで年上の子は少しも驚かず、したり顔でいう。「パレルモのカタコンブのほうがすごかった。あっちでは屍体がまだ昔のひらひらの服を着ているんだぜ」――それでもほんの少し、聞こえてくる笑い声が不自然な響きをともなっているように思えるのは気のせいか。ナダールも人々の笑いが次第に「強迫的な響き」をともなう、と述べている。暗い地下室で、口笛

◉公開されていないカタコンブの２階に続く階段。

◉公開されているカタコンブの下では、多くの坑道に無数の骨片が散乱したままである。

を吹いているような雰囲気だ。

もちろん、何人かの人は、本当に一種神妙な気持ちになるのかもしれない。なにしろ、ここは、この世のはかなさを示す巨大な静物画のようなものに違いない。数百年におよぶパリ市民が、みなばらばらにされて、山積みにされ、幾何学模様に並べられているのだ。貴族も死刑囚も、聖人も娼婦も、億万長者も路上生活者《クロシャール》も。これはどんな人物だったのだろうか。どんな顔をしていたのだろうか。いつ頃生きて、どんな暮らしをしていたのだろうか。何を目的に生き、どのような希望を抱いていたのだろうか。……

ナダールはその著書の中で、想像の中の見学者の女性にこう語りかけている。

奥様《マダム》、あなたが今、つま先で触れたその骨のかけらは、あなたのお祖父様、お祖母様のものだったのかもしれません。そしてあなたと同じように愛され、愛していたことがあったのです。

ラブレーも、マンサールも、ペロー兄弟も、スキュデリ嬢《マドモアゼル・ド・スキュデリ》も、作曲家のリュリも、ポンパドール夫人も、モンテスキューも、ミラボーも、みなそこらへんのどこかに散らばっているのだ。サン・バルテルミの虐殺［☆一五七二年八月二十四日の「聖バルテルミの日」に起きたカトリックによるプロテスタントの大量虐殺］の犠牲者二千人も、グレーヴ広場で斬首刑になった人々もみなここにいる。だが、ここでは、もう誰が誰だかわからない。

もちろん、展示の様式をもっと工夫する余地があったのではないか。不満を述べているゴンクール兄弟は、カタコンブが創造性と感動性にかける、と批判する。彼らの感覚では、全体を古典主義的ではなく、ロマン主義的にアレンジして欲しかったのだろう。

このように整然と片付けるのではなく、骨を大きく山積みにしたほうがよかったのではないか。巨大な講堂の真ん中に山積みとなった骨の山の頂上は、暗闇に隠れて下からは見えないようにしたい。そうすれば、これらの骨が、匿名と埃の中に消え失せていくことが表現できる。

ナダールも、カタコンブの展示形式は単調だといっていた。

そしてまたもや骨が続き、またもやくだらない台詞が刻印された記念碑があり……奥様《マダム》、あなたももうお飽きになりませんか？　最初に目にしたときの珍しさは、変化がなければ次第に薄れていくものでしょう。いくら観ても、あまり大差のない光景ばかりが続きます。

そういったことからナダールは、人に公開されない隅々で写真を撮っていた。装飾的に並べられた壁の裏側の人骨が散乱している洞穴や、ショベルで頭蓋骨や大腿骨を拾い上げ、トロリーにのせて運搬するカタコンブの労働者などをモチーフとした。ただし、当時は露光時間が十二分と長かったため、撮影には本物の労働者の代わりに人形を使っている。

……「*Ossa*《オッサ》 *arida*《アリダ》, *audite*《アウディテ》 *verbum*《フェルブム》 *Domini*《ドミニ》（乾いた骨よ、神の言葉に耳を傾けよ）」と書いてある記念碑がある。午後の六時に見学時間が終了し、静まり返ったカタコンブでは、死者も十分そのような時間があるだろう。……

だが一八九七年四月二日の夜、観客は神の声とはまったく違うものを耳にしたに違いない。彼、そして彼女らが聞いたのは、ひそひそ声、おしゃべり、笑い声、そして四十五人の音楽家の調音。「腰骨の円屋根建物《ロトンド》」と呼ばれているホールで、百人の観客を集めて、夜中の音楽会が開かれたのだ。テオフィル・ゴーティエは、「この世紀は、死に楽しみを見出し、納骨堂は貴婦人の着替え室《ブドワール》よりも楽しいものとされた」と当時の風潮を説明している。ユイスマンス、バレスやグルモンのような文学者が流行した時代には、今でいう暗黒小説《ロマン・ノワール》こそが潮流だったのだ。三文小説でも墓地やら悪魔やらがあふれかえっていた。文章も絵画も夜、そして悪魔的なモチーフが好まれた。この退廃的な趣味が、一八九七年四月二日の奇妙な興行にもつながったのだろう。この音楽会に招待されていた「フィガロ」紙の記者が翌日、市立納骨堂における気の利いた催しについて報道している。

カタコンブはどうやら今一番はやりのサロンとなっているようである。約百人のご婦人を含めた人々が、ろうそくの明かりの中、簡素な木製の椅子に腰かけていた。真夜中になると、演奏が始まり、ショパンとベートーヴェンの『葬送行進曲』、サン・サーンスの『死の舞踏』その他の適切な曲目が演奏された。曲目の合間には、『カタコンブにて』、あるいは『アヴェ・マリア』といった詩の朗読があった。にわか仕立ての会場の装飾は非常に不気味であったが、音響効果は非常に優良であった。

「フィガロ」の記者を信じる限り、この催しは大成功だったようだ。

われわれが別れの挨拶を交わしたのは朝二時半頃で、それはそこそこまともな時間であった。一同はこの特異な芸術的披露に感激し、次回は最後の審判の日にまた会おう、と約束しあったものだ。

……それでも今も昔も、人はここから地上に戻ることに、基本的には喜びを感じるようだ。「誰もが一度訪れ、二度と戻らない場所のひとつである」とナダールもいっている。今日でも、外に出て再び交通の喧騒と日光の中に帰っていく人々は誰もが嬉しそうである。

ただし、本当に外に出る前には、誰もが一度鞄の中身を警備員に見せなくてはならない。出口の脇にはひたすら忠実に義務を果たしている係員がふたりいる。ずいぶんみつかるものか、と訊いたところ、「そうですね、毎日けっこう集まるものですよ」といいながら足の骨が何本か重なり、そして頭蓋骨が一個置いてあるテーブルのほうを指差した。このふたりのような人物がいなければ、カタコンブはもうすでに空っぽになっていたのかもしれない。……

■デュマ・ペールの「発掘」

エリカール・ド・チュリーは、カタコンブの内装を整備しただけでなく、『パリのカタコンブの解説』(1815)という、地下の実態をはじめて一般に紹介する著書を残した。それまでは、部分的な問題を扱った行政関係の短い覚書や報告書しかなかったのである。パリの一般読者も、エリカール・ド・チュリーによって、自分の町の地下にあるもうひとつの町、石灰の採掘によって形成された坑道や、それらから成り立つ迷路の状況について知らされた。

彼の本は、小説にも影響を与えている。このナポレオン時代の建築技師の専門書は、十九世紀の多くの作家に多くの資料と刺激を提供し、冒険小説に魅力的で斬新な舞台を登場させることになった。

アレクサンドル・デュマ・ペールも『パリのモヒカン族』でエリカールの記述を直接的に引用している。一八五四年から発表されたこの小説は、一八二七年のパリを舞台としている。七月革命の三年前の王政復古時代、パリの地下世界は、巷間いわれ続けてきた空想の世界に則って、反体制派の避難場所となる。

◉デュマ・ペールの小説『パリのモヒカン族』の挿画。パリの地下で行われた秘密の集会が目撃される。

作品中、これらの非合法の活動に気づくのはパリ秘密警察長官の「ジャッカル氏」である。彼は、ある井戸に降りたとき、地下の坑道網の存在を知る。地下に降りた警察長官は秘密結社の夜中の会合を目撃する。読者は彼について町の地下にある石と渓谷の世界に導かれていく。

ジャッカル氏の視線は、採石場《カリエール》のように薄暗い、光と影によって大きく分断された講堂にぶつかった。約六十人の男たちが集まった一種の広場を囲む岩の柱にはたいまつがとりつけられており、その炎が全体を照らし出していた。このようにたいまつの炎に照らし出されたこの男たちが、当世風の服を着けていなかったなら、これは物語詩に出てくる黒ミサに集まる魔術師の集会に思えたに違いない。

ここで発見されたのは、ナポレオンの息子をパリへ誘拐しようとたくらむ政治結社のメンバーであった。この集団は、彼の助けを借りて、王政を倒すための国民蜂起を企てている。ジャッカル氏はつぶやく。

「本当に静かな、目立たないよい場所をみつけたものだ」

非常に劇的な場面であるが、著者は、舞台が想像の世界にある場所ではない、という点を強調している。デュマは、話の信憑性を高めるために、この場面を克明に描いている。

彼の目の前に広がる講堂の場所。それはモンルージュからセーヌまで、植物園《ジャルダン・デ・プラント》からグルネルまで広がる巨大な暗黒の地下世界のほんの一部に過ぎなかった。

秘密は、誰もがよく知っているはずの大都市の中、いや、その下に潜む。町の地下にある坑道や岩の洞穴は、革命分子によって侵食されている政治的実態を象徴していた。この町の地下は、物理的にも、象徴的にも、時代の政治上の実態を映しているのだ。既存の規律は、下から脅かされている。町の奥深くでは何かが煮え返っていたのである。

デュマ・ペールから見れば、地下活動は決して脅威ではなく、むしろ希望であった。彼は極端に反動的なシャルル十世の打倒を狙う秘密結社の活動を応援している。

地下世界が比喩の上で、善悪のどちらを体現するか、という問題は、政治的な視点次第である。マラーも、一方では革命の希望を体現し、他方では恐ろしい亡霊と解釈される。アレクサンドル・デュマ・ペールにとり、パリ市の地下がかもし出すものは、いつも前進し、激動する歴史の精神の表れであった。後にカール・マルクスがいったように、革命勢力とは、地下を掘りながら前進するモグラのようなものであり、地下活動を行うもの、というイメージは、ここに端を発するのである。

✷第5章　丘陵の下で

■モンマルトルとベルヴィル

観光ルートから外れているパリ十九区に、不思議な緑地公園がある。このビュット・ショーモン公園（ショーモンの丘公園）は、山あり谷あり、岩あり、滝あり。アヒルのいる池、人形劇、子どものブランコ、綿飴の店などもある幻想の世界である。特に週末には、多くの人々でにぎわっている。マグレブ、アフリカ、アジアからの家族連れが行楽にきており、その他に、ジョギングをしている者がいれば、写真を撮りにきた近くの市役所で結婚したばかりの新郎新婦もいる。この緑のオアシスが、実はかつての石膏の採石場《カリエール》跡である、ということを知る者は少ない。

　モンマルトル、ビュット・ショーモン、ベルヴィル、そしてメニルモンタン。中世以来、これらのパリ北東部の丘陵地帯全般で石膏が採掘されていた。それにより、内部には二十メートルもの高さのある円錐形の大空洞ができ、採石場に大聖堂のような威容を与えている。パリ南部にとっての石灰岩と同じものが、北部にとっての石膏であった。採石場は長い間、パリ北東部近郊の村々の主な収入源であった。これらの採石場には、それぞれ百人以上もの人々が働き、掘り出され、破砕された石膏石は、その場で炉に入れて粉末化された。パリ石膏《プラートル・ド・パリ》は、非常に高品質であったため、大きな需要があった。特に一六六六年のロンドン大火が採掘を大きく前進させた。当時、石膏塗りの建物が焼け残ったため、防火建材として広く認められるようになったのである。翌年にルイ十四

◉パリ近郊の石膏採掘場。丘陵には、脇から台形の坑道が掘りこまれ、採掘された石膏を楽に運び出すことができた。この写真は19世紀末のもの。

世がパリの建設予定者すべてに対して、木材部分と柱は石膏で保護することを義務づける勅令を発している。

もちろん、真っ白で平坦な天井を好む時代の趣味も石膏の需要を増し、セーヌ右岸《リヴ・ドロワット》の丘陵を広大な採石場に変えたのだった。モンマルトルに関することわざとして「パリにあるモンマルトルよりもモンマルトルにあるパリのほうが大きい」というものがあったほどである。

現在は十八区の一部となっているその地区の正式名称は「グランド・カリエール（大採石場）」である。丘陵の脇には、大きな入口があり、部分的には坑道が三層まである。

特にフランス革命以降は、修道院の領地だったところも採掘の対象となったために、採掘量が倍増し、集中的な出荷が始まった。一七九五年には、リシャールという名の神をも恐れぬ石膏業者《プラトリエ》が、殉教者の丘《モンマルトル》を冒涜した。彼は、聖ドニに捧げられていた地下教会《クリプタ》を白い粉にしたのである。

そして、失われた聖人の遺骨に代わり、太古の地球の時代の怪物が発見された。自然学者ジョルジュ・キュヴィエ（1769〜1832）にとり、石膏の採石場は宝庫であった。

毎日のように、未知の動物、鳥、ワニ、カメそして多数の

◉パリ近郊、バニョレの石膏採石場。空洞は、爆破することによって、次第に高くなっていった。19世紀の視察団の写真。

魚類の骨がみつかる。

漸新世の化石を採石場の労働者に集めさせたキュヴィエはこういいながら喜んでいる。モンマルトルで発見された化石は、古生物学という新しい学問の始まりとなった。

■地中に逃げる——一八四八年革命の逸話

石膏の採石場《カリエール》は、不穏な時代には何度も避難場として利用された。フランス革命時、ここに逃げこんだ貴族は少なくないという。

一八一四年、ナポレオン軍が惨敗したとき、理工科学校《エコール・ポリテクニーク》「☆高等専門教育機関（グランゼコール）のひとつ。一七九四年より開設」の一団がビュット・ショーモンに逃げこんだものの、ロシア兵に追われ、投降を強いられた。

もうひとつの事件は一八四八年の革命中に起きた。より正確を期すと、その事件が起きたのは同革命が陰惨に変じたその後半期である。二月、パリ蜂起によりブルジョワ王ルイ・フィリップが追放された後、市民と労働者階級の間の連帯感が一時的に強まった。臨時政府が編成され、下層市民の利害をも考慮すると約束し、内閣には本物の労働者も参加した。しかし当時、「社会主義《ソシアリスム》」ということばが頻繁に口にされた。しかしこの酔いもその直後にさめ、選挙では保守的な市民が過半数を獲得、民衆熱も連帯感も立ち消えてしまった。それまで雇用創出手段として創設されていた国立作業場《アトリエ・ナショノ》の閉鎖が予告された六月に、パリで暴動が起きた。これは、フランス革命の成果を騙し取られたと感じる下層市民とブルジョワとの間の戦いであった。このとき、近代社会におけるこれらふたつの階層の格差がはじめて表面化したといえる。パリ市内には再びバリケードが築かれたものの、この希望のない必死の抵抗も、カヴェニャック将軍［☆ルイ＝ウジェーヌ・カヴェニャック（1802〜1857）］の軍隊によって弾圧され、「民衆《ル・プープル》」との血みどろの決戦は、凄惨な様相を呈した。「このような無条件の、殺人的な戦いの例は、他の国民では例をみない」と「コンスティチュシオネル」紙は嘆き、フリードリヒ・エンゲルスは「新ライン新聞」に、「六月革命は、パリ、いや、世界に例をみない無慈悲の戦いであった」と書いている。

反乱者たちは、パリ北東部、モンマルトルとベルヴィルの石膏採石場付近の貧困地帯まで撤退し、最後まで抵抗した。採石場には、カヴェニャック将軍から逃れた何百人もの人々が逃げこんだわけだが、彼らは地の奥底まで追われ、殺され、その場で埋められたのである。

◉1814年のパリ市の端、ラ・ヴィレットでの戦いの図。フランス軍は石膏採石場に撤退しそこね、ロシア軍に追われて投降した。

ジャン＝ポール・サルトルは一八四八年の夏のこの事件を「ブルジョワジーの原罪」と称している。「カヴェニャックの手榴弾は、それまで不滅だったパリの陽気を爆破した」といったのはエンゲルスだった。

熱狂が血まみれの虐殺劇に転じ、美しい二月革命が醜い六月革命に転じたことは、市民にとり恒久的なトラウマとなった。

■山の中の避難所

その三年後、詩人のジェラール・ド・ネルヴァル（1808～1855）が、休むことを知らない傍観者として、モンマルトルを徘徊していた。彼の『十月の夜』では夜のパリが現実と夢の世界の中間として描かれている。発作的に起こる精神の錯乱に苦しむネルヴァルは、自分がはぐれ者たちの棲む夜の町の世界に所属すると感じていた。

石膏の採石場《カリエール》は特に彼、もしくは彼の描く主人公たちを魅了した。

彼はモンマルトルの石切場へ寝に行くつもりなのではない。石灰工夫たちと長々と話し合うためである。彼は石工から、

◉ 1848年の革命中、反乱者はモンマルトルの洞穴に逃げこんだが、政府軍に追いつめられ、惨殺された。

大洪水前の動物に関する情報を求め、キュヴィエといっしょに地質学的探究に働いた昔の石工たちにも質問するだろう。そうした石工がまだ残っているのだ。ぶっきら棒ではあるが、物わかりの良い、これらの男たちは、燃える薪の光のかたわらで、何時間にもわたって、今なお残骸が発見される怪獣どもの物語や、地球の原初の大変動絵巻に、耳を傾けるだろう。

表面的にはよく知っているかのように思われる世界の中に、別世界への扉があり、郊外の平凡で殺伐とした日常風景の中に奈落が待ちうけている。ネルヴァルは、すでに閉鎖された採石場跡を次のように描写している。

（……）それはドリュイド教の神殿に似ていて、正方形のドームを高い列柱が支えていた。眼差しを奥へ投げると、――われわれの祖先たちの恐るべき神々、エシュス、トート、あるいはケルヌンノスが出て来そうに思われ、身がふるえるのだった。［☆以上、ネルヴァル『十月の夜』三。以下、同書の引用は邦訳（ネルヴァル全集V、入沢康夫訳、筑摩書房、1997）より］

詩人は、誰にも解くことのできないパリの地獄の輪の中に入りこみたい、と思っていた。

◉ジェラール・ド・ネルヴァル。

ネルヴァルの話し相手となった採石場の労働者は、社会的には侮蔑の対象となっている人々だった。石膏採石場の評判は、そもそも悪く、特に夜間にはこの地域は敬遠されていた。この地域には、石膏の炉によって温められた洞穴に寝泊りする路上生活者《クロシャール》や与太者が集まってきた。路上生活者やアルコール中毒者の中には、指名手配の犯罪者が紛れこむことが多かったため、警察は定期的に捜査を行った。だが、ネルヴァルはさらに暗い、地獄のような世界を探し求めていた。

……私はまだ最深の窮境にまで入りこんだわけではなく、実はこれまでのところ、まっとうな労働者たちや、哀れな酔いどれたちや、不幸な宿なしたちにしか出会わなかったのだから。……それはまだ最後の深淵ではない。［☆『十月の夜』十六］

いずれネルヴァルもこの深淵をみつけることになるが、それ

◉モンマルトルの丘の脇には、家屋の高さもある非常に高い坑道が掘りこまれ、石膏需要の増大に対応した。1820年の絵。

はモンマルトルにはなく、ネルヴァルの心の中にあった。彼は身を切るように寒い一八五五年一月二十五日の夜、古い龕灯《ヴィエユ・ランテルヌ》通りで首吊り自殺をしている。

確かに、洞穴に棲む、すさんだ顔つきをした、ぼろをまとった男たちは、近所の人々の不信感をかきたてていた。だが、人々をそれ以上に不安にしたのは、住宅の近くの地すべりや陥没だろう。十八世紀以来、パリ北部の石膏地域では、事故が続いていた。一七七八年、メニルモンタンで安穏と散歩を楽しんでいた歩行者が、いきなり足元に空いた大穴に飲みこまれてしまった。石膏採石業者が、地下の土地の保有関係などまったく無視し、非常に危険な空洞を数多くそのまま残している。——採石場監督局はそれに気づき、廃坑となっている石膏採石場への補強や、土砂による埋め立てはとりやめとして、破壊することを決定した。パリ北部のこの地域には、まだ人はまばらにしか住んでおらず、教会ほどの高さのある大空洞を埋め立てるには非常に多くの土砂が必要となる。それよりも、大砲の爆薬を空洞に詰めて、その上の丘陵を崩壊させたほうが費用はかからない。

——ドーン。

巨大な粉塵の雲がたつ。やがて、それが消えた頃、景色はまったく様変わりしていた。この爆破によって、パリ北部の丘陵はすべてならされ、付近の稜線は平坦なものとなった。

　だが、採石作業はその後数十年は続けられ、モンマルトルにおける事故の増加を受けた石膏業者と当局との長年のせめぎあいは続いた。一八二七年には行楽地として人気のあったランセットの風車が陥没し、そのほかにも宴遊場として使われていたいくつかの屋外遊園が閉鎖された。これらの事故の責任者は、アンドレ・ミュレールといって、フォントネル通りの道路陥没の原因を作った採石場の保有者と同一人物である。丘陵には、ますます多くの住宅が建てられ、家が増えるに従い事故も増えていった。一八四三年に三件の家が崩壊し、人々は恐れ戦いたが、そのとき、モンマルトルの特徴といえる多くの階段坂の位置がずれてしまった。

◉坑道に、爆薬をすえつけるための穴を穿つ労働者。

「この丘から石膏を採掘することは禁じられるべきであり、地下の石膏の殿堂建設には反対する」――近隣に住む人々は運動を起こした。

　業者とモンマルトル地区の争いが終わったのは、モンマルトルが行政改革によりパリの一部となり、新しく成立した十八区の一部となってからのことである。パリの一部となってからは石膏の採掘は中止され、残された洞穴は爆破によって埋められた。それでも地盤はまだ不安定であった。爆破だけでは問題は解決しなかったのである。ところどころまだ空洞が残っていたり、地下水流によって新たに生まれる地盤の緩みもある。そのために、舗道は再び陥没し、壁にはひびが入ってしまう。そんな状況は、今日まで変わってはいない。

■アメリークとビュット・ショーモン――花咲く住宅建設と庭園文化

これに対し、ビュット・ド・ボールガール（ボールガールの丘）の採石場《カリエール》では、採掘がさらに長期間続けられた。現在のラン・エ・ダニューブ広場の下にある、通称「カリエール・ダメリーク（アメリカの採石場）」のことである。

　この名前は、そこで採掘された石膏がアメリカ《アメリーク》に輸出されたことからつけられた。例えば、ニューヨークの自由の女神像の台座がそうである。また、ワシントンのホワイトハウスの石材も、ベルヴィルの丘陵地帯で採れた。これらは、パリ石膏《プラートル・ド・パリ》なしに、あれほど真っ白に輝くことはなかっただろう。一八七五年には、この採掘場も閉鎖され、他と同じく爆破された。しかし、農園にも住宅地にも向かない地盤をもつこの地域のその後の用途は、しばらくの間不明であった。一時はパリの馬市場の支部を開設しようという試みもあったが失敗し、すぐに閉鎖されてしまった。そこで、不安定な地盤と知りつつも、この採石場跡地は、住宅地として解禁されることになった。もっとも、新しい宅地に建てられる家屋は二階建てまでとする、という厳しい条件がつけられはしたが。

一八八九年の万国博覧会の年はフランス革命百周年であった。同年、新造されたエッフェル塔をめぐる大騒ぎから離れたところで、誰の口にも上ることなく、労働者家族のための住宅地は開発された。この地区の通り《リュ》の名前は、それぞれ「自由《リベルテ》」、「平等《エガリテ》」、「博愛《フラテルニテ》」と名づけられ、大都市の中に、小さな前庭のついたかわいらしい家が並ぶ小集落が形成されたのである。この労働者の小居住区は、市民中産階級からはうらやまれたものの、その他の分野では旧来通りの悩みを抱えたままだった。不安定な地盤の上に、レンギョウ、ゼラニウム、ツタなどに飾られた人形の家が均等に建ち、のどかな

◉ビュット・ショーモンの採石場は廃鉱の後、19 世紀末には公園となった。

田園風景を演出しているというわけだ。この地区全体に「アメリーク」という名前さえついていなければ、その地下にある洞穴には、誰も気づくことはなかっただろう。
　こじんまりとした住宅地が造成されたビュット・ド・ボールガールに対し、隣のビュット・ショーモンは原則的に何を建てるにも適していない、といわれた。人も住めないこの殺伐とした丘陵地帯はどのように利用すべきか。「Chaumont《ショーモン》」の語源はラテン語の「*Calvus Mons*《カルウス・モンス》」すなわち「禿山」である。この穴だらけで、枯渇した、ぼろぼろの地盤の上には、実際、植物も育っていなかった。そんな折、知事としてパリの大改革を目指したオスマン男爵［☆ジョルジュ＝ウジェーヌ・オスマン（1809～1891）］は、その回想録の中で、「奇異な思いつきがあった」と書き残している。ここに、ロマンティックな英国風の自然公園を造成してはどうだろうか？　この荒涼たる一角を、都市計画上美しい宝石にしたらどうだろうか？　——皇帝ナポレオン三世は、この計画を快諾した。彼は、ロンドン滞在以来、都市の中に緑地を造成する風潮を知っていた。これは、それまでのパリには欠けていたことだ。
　ビュット・ショーモンの採石場跡を英国風の大庭園に変身させる役目は、市の首席技師で園芸局長でもあったアドルフ・アルファン［☆ジャン＝シャルル・アドルフ・アルファン（1817～1891）］が請け負った。金には糸目はつけない、といわれた彼は、早速一八六三年に、古代エジプトのファラオさながらの大建設事業に着工した。一千人の労働者、百頭の馬、独自の工事用鉄道、大量のダイナマイトを使って、この不毛の、ぼろぼろの土地を、誰はばかることのない美しい景色に変えることになったのだ。
　もちろんアルファンは、すべてを爆破することはせず、採石場の跡をたくみに設計の一部として活用した。石膏採石場への入口は、神秘的でロマンティックな洞穴に変え、コンクリート製の鍾乳石をとりつけた。資材として、何万立方メートルもの土が近隣から運ばれた。パリの大衆は、好奇のまなざしでこの改変工事を観察し、マスコミは、北東の労働者地区における「人民のチュイルリー宮殿の建設」をそこに見出しながら、ブローニュの森やヴァンセンヌの森よりもスリルに満ちた風景が生まれる、と書きたてた。かつての禿山の面影を残すのは、早くも地名だけとなった。ヒマラヤスギ、スズカケ、イチョウ、エンジュ、シベリアのニレ、中国のムクロジの木など、当時高価だった輸入樹木が植えられ、かつては危険人物がたむろし、身を隠していた洞穴だらけの殺伐とした風景は、緑豊かな名所と化したのである。

大都市の暗部や秘密に対して鷹揚であったシュールレアリストたちにとっては、この公園はあくまでも二面性をもった土地であった。

> 悪名高い、殺人を促すといわれる特殊な雰囲気が支配的な、貧民地区の中にあるこの大きなオアシスは、建築家の頭の中で生まれ、ジャン＝ジャック・ルソーとパリにおける生活の経済的な実態との戦いが行われる狂った場所である。

ルイ・アラゴンは、ビュット・ショーモン公園をさしてこういい、ここは自殺者のメッカである、とした。実際に、中央の岩山につながる橋からは、多数の人々が飛び降りているのである。

◉左／前頁：ビュット・ショーモン――聳え立つ岩、ロマンティックな洞穴。かつては悪名高かったこの場所も、今となっては近隣に棲む家族連れの憩いの場となっている。

✷第6章　大溝渠《クロアカ・マクシマ》——下水道の冒険

■モンフォーコンの溜め池

オスマン男爵の都市改革まで、ビュット・ショーモンの石膏の採石場《カリエール》跡付近の評判が悪かったのは、そこにたむろしていた人々だけが理由ではない。

丘のふもとにある「モンフォーコンのごみ溜め《ヴォワリ・ド・モンフォーコン》」［★一八四五年までパリ北東部、現在の十九区にあった］も悪名に大いに貢献していた。パリが必要としないものはすべてここに集められ、捨てられていたからだ。

もともと、ここには「モンフォーコンの絞首台《ジベ・ド・モンフォーコン》」と呼ばれる巨大な刑場があり、死刑に処された者はそのままその真下の地中に葬られていた。死刑が絞首ではなく、斬首刑へ移行した革命以後、「モンフォーコン」の名称は、「絞首台《ジベ》」から「ごみ溜め《ヴォワリ》」に移ったのである。いうなれば、ここにはパリ中の汚物を収納するための巨大な肥溜めがあったわけだ。人糞、屠畜場のごみ、魚市場のごみ、すべての汚物がモンフォーコンに運ばれ、廃馬処理業者もそのそばに店を開いていた。

ここは、がらも評判も最悪の、恐怖の土地であった。パリ市民は、風が北東から吹くことをいやがった。チュイルリー庭園での散歩は、風向き次第で中止になり、サロンには大急ぎで芳香を放つろうそくが灯されたものだ。

このような原始的ともいえる廃物処理は、長期にわたって続いていた。そうこうしているうちに、町は大きくなり、処理されなくてはならない汚物の量も増えていった。

フランス語で下水道は「エグ」というが、これは長い間お世辞にも完全とはいえないものだった。下水道《エグ》の役割は、歩道の排水溝や下水溝へ流れた汚水をセーヌ川に流すことに限られていた。

多少なりとも固形化した汚物のためには、各戸に専用の設備が備え付けられていた。これは一五三〇年にフランソワ一世（1494〜1545）が下した法令に拠るもので、この汚物溜めの中身は原則的には下水道には流さず、専門業者によって回収され、市の郊外にある所定の場所へ運ばれる原則となっていた。所定の場所とは、主として「モンフォーコンの溜め池」である。

ここで、このあまり芳しくないテーマについて語る以上、「パリの臭《にお》い」について言及しなくてはならない。まずは、日常の不便について細かい記録を残してくれたルイ＝セバスチャン・メルシエに再び登場してもらおう。パリの生活のあらゆる分野について意見を述べる彼は、当然パリにおける排泄物の処理にも触れている。それはちょうど、当時、大きな社会問題となろうとしていたからでもある。

> 住民にとっては恒常的な悩みとなっている、家々に充満する臭気について語ってみよう。これらの源は、すべての建物に設置されている汚物溜めの臭《にお》いである。無数の便所は、悪疫でも発生しそうな猛臭を発し、特に回収される夜間には、地区全体を汚染する。そして、この猛臭は、極貧の生活によって、かくも危険でおぞましい職につくことを強いられている不幸な者たちが命を落とすこともあるほどに強い場合がある。

汚物溜めを空《から》にする者の社会的地位が非常に低かったことはたやすく想像できることだ。さらにこの仕事は非常に不健康な仕事であった。これらの人々は、顔色が悪く、その臭《にお》いでもわかった。他の人々からは敬遠されるパーリア［☆カースト制の最下層］であったといえる彼らは、酔っ払っていることも多く、早死にであった。そして、このような仕事は、収入もわずかであり、当然、本人たちが一生懸命にやりたがるような類いのものではなかった。メルシエは、肌を粟立てながら報告している。

> ときどき、回収業者が汚物を指定どおりに市外に運ぶことをせず、早朝最寄の溝《どぶ》や下水溝に空けることがある。おぞましいソースはゆっくりと通りの溝をセーヌ川に向かって流れていく。汚染された岸辺では、水売りがバケツをいっぱいにしている。この水は、鍛えられたパリ人が、好むと

◉パリの地下の労働条件が悲惨であったことが、ヴィクトル・ユゴーに『レ・ミゼラブル』を書かせるきっかけとなった。これは、始業時に地下に降ろされる工夫たちを描いた当時の絵。

好まざるとにかかわらず飲まされる水である。

いうまでもなく、明らかにこれは「好まざる」ものだった。すでに述べたように、この頃、人々は次第に悪臭や衛生に関して敏感になっていた。アラン・コルバンは、旧体制《アンシャン・レジーム》末期に排泄物処理の問題がいかに世論をにぎわしていたかについて言及している。

糞尿の沼という幻想、汲み取り人夫や糞尿溜めのなかに落ちた人にふりかかる災難、モンフォーコンに迷いこんで溜め池に呑みこまれてしまった旅人の恐るべき冒険などが、パリの地下が呼びさます不安をさらに強固なものにする。［☆『においの歴史』第一部第二章］

臭気と病原菌をめぐる争いはますます激化した。汚物溜め問題は、世論上の最優先課題となった。町の存在そのものが、汚物や汚泥によって問われ直そうとしているように思われた。ヴィクトル・ユゴーも次のように報告している。

このことは科学的にも確認されているが、堆肥の上で集められた空気でもパリ上空で集められた空気よりはきれいである。［☆『レ・ミゼラブル』第五部第二編六］

これは、パリ市民を数十年にもわたって興奮させたテーマだったのだ。

■ヴィクトル・ユゴーと「真実の穴」

パリの下水道《エグ》は、ヴィクトル・ユゴーの『レ・ミゼラブル』(1862)で小説の舞台となるという名誉を得た。この小説の舞台のひとつとなっている一八三二年とは、すなわちブルジョワ王ルイ・フィリップが王となって二年目に当たるが、この頃、労働者階級の生活条件は劇的に悪化した。一八三二年はまた、小説に出てくる社会暴動［☆六月五日から六日にかけて起きた民衆蜂起］が起きた年であるほか、コレラが大流行した年でもあった。ユゴーが小説の一ヶ所［☆第五部第二編のタイトル］で「巨獣のはらわた」と呼ぶ下水道のくだりは、大都市の大改造前の状態を描写したものだ。下水道は、暴動の加担者とされてパリの闇の中を警察に追われるジャン・ヴァルジャンの劇的な逃走シーンの舞台としても使われている。彼は都市の汚い排泄物の中にはまってしまう。

通風口からときどき光がもれてくるが、通風口から通風口までの間隔はとても長いし、光はほんのかすかなので、真っ昼間の光がまるで月明かりみたいだった。あとはもやと毒気と厚い暗闇があるだけだった。［☆第五部第三編四］

ユゴーの描写は、その後数世代もの間、パリの地下のイメージとして定着した。だが、ユゴーも強調するように、『レ・ミゼラブル』の中のパリの地下は、単に小説の舞台としてだけではなく、当時の社会情勢を象徴するものとして扱われている。下水道は、「都市の胸底にひそむ意識」であり、汚物やごみとして歴史の残骸が堆積する「真実の穴」なのだという。地球全体の革命の足跡も、人類の革命の痕跡をも残す、恐るべき穴。

ここで、アレクサンドル・デュマ・ペールが『パリのモヒカン族』の中でやはり地下世界を小説の中に取り入れていることを思い出す。デュマはカタコンブ、ユゴーは下水道網、ふたりとも、パリの地下を小説の舞台にし、比喩として使っている。デュマと同じくユゴーも、地下世界をこれから政治的に産み出されるものの象徴として扱っている。

地下では、これらの坑道の中をユートピアが前進している。社会の地下数階では、改革の力がうごめき、穴を掘り進めているのである。そのように地下を掘り続けることによって生まれるものはなにか。それは未来である。

だがデュマとは違い、ユゴーの描く地下は、その最深層の中に有害な要素を内包している。ある程度の深さまでくると、洞穴は文明精神の到達しえない場所となる。人は息をすることができなくなり、化け物の帝国がはじまる。

その地下の深みにあるものは、悪の大洞穴であり、そこには社会秩序を脅かすすべての敵が活動している。この洞穴は、哲学、研究、法律、人間の思考、文明を下から覆し、革命と進歩の土台を崩す。悪とは、窃盗であり、売春であり、殺人であり、暗殺である。そして洞穴とは闇であり、カオスを求めるものなのである。

ユゴーは、長い間地下と結び付けられていた神聖なものと悪魔的なもの——聖ドニ《ディオニシウス》と緑の谷の悪魔《ディアブル・ヴォヴェール》——という一見相反するイメージをその多層的なモデルの中で融合させたのだった。

■汚泥にまみれて——ブリュヌゾーの下水探検

アレクサンドル・デュマ・ペールは、カタコンブを描写するにあたって、採石場《カリエール》の首席技師、エリカール・ド・チュリーの記録を参考にした。これに対して、ヴィクトル・ユゴーが参考にしたのは、パリの下水道《エグ》研究の先駆者であったエマニュエル・ブリュヌゾー（1751～1819）だ。

彼が一八〇五年に登場するまで、下水道は未知の世界《テラ・インコグニタ》であった。ユゴーは、敬意をこめて、ブリュヌゾーをクリストファー・コロンブスのようだ、といっている。

この未知の世界にいどんだり、この闇の世界にさぐりをいれたり、この深淵を探検に行ったりする、だれがそんなことをする勇気をもちあわせていただろう？　［☆『レ・ミゼラブル』第五部第二編三］

ブリュヌゾーは、この冒険に出かけた。当時、町の「胃袋の消化不良状態」は、耐え難い水準に達していたからである。だが当然ながら、対策を打ち出す前に、地下にある未知の大陸を探検する必要があった。

ブリュヌゾーは、二十人ほどの勇敢な若者と一緒に、「臭《くさ》い穴」を測量し、掃除することにした。探検団はセーヌ川へ開かれた排水口から、ヘドロをかきわけながら前進した。だが次第に汚泥はその密度と粘着性を増し、固くなっていった。しばらくすると、探検の参加者の一部を避難させなくてはならない状態が生じた。ガスが充満し、酸欠状態となったためにランプは消え、これ以上の前進を拒む男たちが続出したのである。こうして、第一の実験は失敗に終わった。

さあ、どうしたものか。ブリュヌゾーは、汚泥の中に眠っているかもしれない宝物を思い出した。パリの下水道は、文字通り金脈でもあったのだ。数百年前から市民が溝《どぶ》に捨てたもの、落としたもの、金貨、硬貨、宝飾品などはすべて地下に堆積し、汚泥の中に埋もれている。

こうして、ブリュヌゾーは、消沈していた参加者の士気を

◉オスマンに整備されるまでは、パリの下水道は、雨水を切るための排水溝にすぎなかった。

◉新築された大放水路の見学。下水道の水量が過剰になったときに、セーヌ川へ放水する機能をもっていた。1878 年の銅版画。

奮い起こした。みつけたものは、すべて自分のものとみなせ。汚泥に手を突っこんで探せ、とブリュヌゾーは男たちに呼びかけたに違いない。みるみるヘドロは独自のエロスを発揮するようになった。それまでは単に不快であるばかりの汚泥に魅力を感じる者が出てきた。探検隊の参加者を集めることは容易になり、意欲も新たに作業は再開された。

この地学上の探検は、七年を要した。七年後、ブリュヌゾーは、パリの下水道の詳しい地図と、その歴史——十四世紀に市長のユーグ・オブリオ［☆？～1382/1391］が指揮した最初の地下運河にはじまり、チュルゴ［☆アンヌ＝ロベール＝ジャック・チュルゴ（1727～1781）］が一七六〇年頃にもともとは北部の丘陵地帯から町に流れていた小川を、擁壁のある穹窿《きゅうりゅう》によって補強するまで——を発表することになった。ブリュヌゾーは、これらの探検中に、さまざまな驚くべきものを発見した。例えば、法務省の裏には、下水溝の方へ開いている地下牢があった。またセーヌ左岸《リヴ・ゴーシュ》の岸辺では、一八〇〇年に植物園《ジャルダン・デ・プラント》内に併設される動物園から逃げたオランウータンの骸骨がみつかった。その他、多数の人々の滞在した痕跡、政治的な亡命者や犯罪者の遺物、警察あるいは間諜によって利用されたと思われる政府施設への秘密の出入口なども確認されたのである。

◀本文 139 頁に続く

◉サン・マルタン運河の見学ツアー。

◉パリ南部14区、モンスリの飲料水貯水場。ここには大都市のために25万立方メートルの水が用意されている。この写真は1999年の保全作業中に撮影された。

◉次頁：水を湛えたモンスリの貯水場。

F30
E30
F31

◉地下水の水位を計測するための目盛
り（画面中央）のついた地下の井戸。

◉元シャルトル会修道院の地下にある泉。

◉上：16 世紀の地下水道の検査室（19 区、フェット広場）。

◉ 14 区、ポール・ロワイヤル大通りの南、サン・タンヌ病院の下。浸水状態にある旧石灰採石場。

◉サン・タンヌ精神病院の地下の水位は、場所によっては腰まである。
決意を固くした洞穴探検者にとっては、まったく問題にならない。

◉活躍中のバトー・ヴァンヌ（閘門船）。閘門を開くと、水がほとばしり溝が洗い流される。

しかし、最も重大な発見は、それまでの大都市パリの下水道網の全長が、わずか二十五キロに過ぎなかった、という事実だろう。

下水道機構の拡張は急務であった。

かつて死体を墓地から運び出すことがそうだったように、「汚泥の移動」が火急を要する問題として持ち上がってくる。

アラン・コルバンはこう述べ、さらにいう。

> いまや、排泄物をシステマティックに除去する方法を整備することによって、排泄作用の都市的生理を統御すべき時である。［☆以上、『においの歴史』第二部第二章］

一八三二年にパリでコレラが流行すると、多くの人々が下水道の瘴気が「下からの感染」の原因になっている、と主張した。

その直後、もうひとりの有名な下水研究者、パラン＝デュシャトレ博士［☆アレクサンドル・パラン＝デュシャトレ（1790～1835）］が町のはずれにあるおぞましい汚物溜めの実態を調査し、「モンフォーコンのようなところはあそこにあってはならない」という結論に達した。彼は「パリと周辺の住民は、かねてから嫌悪を表明しており、世論も反発している。パリはこの耐え難き状態に恥のあまり赤面している」と主張したのである。

こうしてモンフォーコンの集積所は一八四五年に閉鎖されることになった。大ごみ溜め《グランド・ヴォワリ》はさらに郊外のボンディの森へ引越した。だが、原則的には排泄物を輸送することに変わりはない。市内の汚物溜めの中身は、夜な夜なラ・ヴィレットの港の貯水場《レゼルヴォワール》へ運ばれ、そこで一時的に留め置かれてから、船でウルク川を通って、ボンディに運ばれていったのである。

■第二帝政時代の下水道工事

ブルジョワ王ルイ・フィリップ治世下のパリ知事ランビュトーは、大掛かりな修復工事の必要性を認め、下水道《エグ》を数キロほど拡張したものの、徹底的な改革に必要となる公共債務を恐れた。その政策の方向転換をはかったのはオスマン男爵である。オスマンは、派手好きな性格で、せせこましい金銭の話を嫌った。皇帝ナポレオン三世の命でパリを徹底的に改革し、帝国にふさわしい、美しく近代的な下部構造《インフラ》が整備された首都に変身させることを使命とみなしていた。
オスマンという名をきくと人々はまず、中世の都市組織に過激にメスを入れ、「アヴニュ」や「ブルヴァール」といった直線的な大通りを作った人物を思い出すかもしれないが、彼は「地下」においても多大なる功績を残している。そしてそれは地上の大改革と違い、すべての人々の喝采と支持を受けたものであった。

新たに構築されなくてはならない地下世界の最初の理想像は、詰まったり腐ったりすることのない、有機的な循環機構から想起される、とオスマンはいう。

地下の通路は、大都市の内臓として、生体のそれと同じように機能し、協調しあう。清らかな泉の水、光と温かさが、都市の内部を血液と同じように循環する。排泄は秘密裏に行われ、都市の外部の美観と内部の秩序に障ることなく健康に貢献する。

下水道の専門家としてオスマンがみつけてきた人物は、ウジェーヌ・ベルグラン（1810〜1878）であった。オスマンがエジプトのファラオさながらの大計画を打ち出し、まじめで几

◉下水道網の主管の定期点検。

帳面な技師であるベルグランがそれを実行に移した。このとき実現されたことは、本当にティターン［☆ギリシャ神話の巨神族。タイタン］がなしとげた大事業と呼ばれるにふさわしい。一八五二年には、パリ市のすべての建物は下水道に接続されなくてはならない、という法律が施行された。すなわち、すべての道路の下に下水道が建設されなくてはならなくなったのだ。これは世紀の大事業であったが、短期間のうちに実現された。

パリでは、ロンドンより六年、ベルリンより二十年早く、一八五三年に近代大都市のシステマティックな下水道工事が開始された。わずか十年の間に、それまでの数百年に比べて四倍の長さの下水道が完成したのである。ベルグランは、地下に人が立てる高さの、歩行可能なコンクリートに覆われた地下暗渠《あんきょ》網を建設した。これらは、それぞれまとめられ、最終的には大溝渠《グラン・コレクトゥール》に流れこむ。これらの下水回収管には、水流をとどめ、突然開放することによって汚泥を流す目的の閘門船《バトー・ヴァンヌ》も設置された。パリ南部ではすでにビエーヴル川は溝《どぶ》に成り下がっており、一部は暗渠化されていた。そこで、この虐げられた小川を、セーヌ左岸《リヴ・ゴーシュ》の下水道の主管に指定した。それまでのように、自然のまま従来のビエーヴル通りからセーヌ川に流入させるのではなく、もはやビエーヴル川と

◉ 19 世紀に建造された下水道合流溝。支柱の上の管は、上水道。

しての面影を残さない運河として、セーヌの川岸に沿ってアルマ橋まで迂回させ、濾過構造をもつセーヌ川の下をくぐり、反対岸の大溝渠《グラン・コレクトゥール》に流れこむようにした。

ベルグランが没した一八七八年には、パリの下水道は全長六百五十キロに達していた。大都市の公衆衛生史上、これは品質的にも前代未聞の大飛躍であった。

オスマンは、それまで存在しなかった、すべてが流入する大溝渠《グラン・コレクトゥール》を特に誇りにしていた。

われわれの「*Cloaca Maxima*《クロアカ・マクシマ》」だ！　これは古代ローマを凌《しの》いでいる！

古代ローマ帝国の首都ローマは、当時、地上でも地下でもたびたび引き合いに出された模範的存在である。

大溝渠《グラン・コレクトゥール》、すなわち近代の「クロアカ・マクシマ」は、コンコルド広場の下にはじまった。だが、パリの汚水はそこからどこへ運ばれたのだろうか？　もちろん、セーヌ川である。だが、当初とは違い、セーヌ川への排出口はもう少し下流のアニエールに定められた。首都の住民にとっての幸いは、パリ市のトイレと化すことを強いられた郊外の町の不幸であった。

パリ知事の意志、すなわち「定規の独裁」に対する屈服は、地上では非常に不完全なものに終わった。混沌とした建造物による迷路自体が抵抗を示し、所有者や出資者との間のいさかいによっても困難や遅延が発生した。また、建築家の独創性が、オスマンの画一化された都市の理想に横槍を入れることもあった。いくつかの事例においては、皇帝ナポレオン三世さえもが邪魔をした。これに対し、地下では知事は好きなように、すべてを「官僚の美学」の下におさめることができたのである。

地下は画一化され、直線化された。

オスマンの夢見た清潔と秩序は地下で実現をみた。パリの地下は、完全に「オスマン化」されたのである。

現在の下水道はりっぱだ。様式もすっきりしている。直線的な古典派のアレクサンドラン形式［☆一行十二音綴りのフランスの代表的詩句形式］が詩から追放されて建築の世界に逃げこみ、この薄暗くて白っぽい、長い丸天井の石の一つ一つにとけこんでいるように見える。どの排水口もアーチ型になっている。リヴォリ通りは下水道までが一派をなしている。［☆『レ・ミゼラブル』第五部第二編五］

◉ 19 世紀末。地下の大きな下水道合流溝の見学ツアー。

オスマンとその上司たる皇帝のことを嫌っていたユゴーは、このように揶揄している。

だが、この大事業は、時代を乗り越えて確実に功を奏してきた。パリの下水道が、その後もその課題と町の発展に対応し、責務を果たしてこられたのは、オスマンの壮大な理念のおかげである。もちろん、アニエールはもう長らく下水道の最終地ではなくなっている。オスマン辞任後、周辺住民の反対の声がますます高まったため、下水は十九世紀末に広大なアシェールの畑地にまで送られることになった。ここに、その後欧州最大の浄水場が開設されることになったのである。現在でもパリの下水の八割にあたる一日あたり二百万立方メートルがここで処理されている。

■「パリのはらわた」への訪問

オルセー河岸《ケ・ドルセー》は、フランス外務省の所在地でもあるが、アルマ橋あたりのキオスクでは、パリの下水道《エグ》——というより下水道博物館《ミュゼ・デ・ゼグ》の一部として一般公開されている部分——の入場券が買える。目的にふさわしく非常に清潔に整備されたその一角では、訪問者が汚水の流れを見学できる場所がわずか数箇所に限られている。残りはきれいに整備され、掃除のいきとどいた穹窿《きゅうりゅう》の壁には、いくつもの標識に説明が書かれており、作業機械などが展示されている。——例えば「マシンガン」と名づけられた木製の刷毛《はけ》や、セーヌ川の下をくぐる下水管の清掃に使われた大きな清掃用の球体、作業員代々の長靴、ウジェーヌ・ベルグランの胸像など。唯一かすかに漂う汚臭が訪問者に、自分がどこにいるのかを思い出させる。博物館の売店では「Egouts de Paris《エグ・ド・パリ》（パリ下水道）」と書かれたTシャツ、野球帽、腕時計などが売られている。

見学ツアーは、ベルグランの整備した下水道が操業を開始してほどなくはじまったものだ。そして、下水道が一級の観光地となったのは、またしても写真家ナダールの功績であった。一八六四年、「カタコンブ」の連作を発表した数年後、ナダールはパリの下水道の撮影をはじめ、再び大きな話題を呼んだのである。

これらの写真の発表直後から、「パリのはらわた」への観光が大流行した。

……美しいT伯爵令嬢とあいさつを交わした。彼女はひとり、というかほとんどひとりで来ていた。あいにくD公爵夫人とはすれ違いになって会えなかったが、ヴァリエテ座のP嬢と話をする機会を得た。いずれ下水道に馬に乗ったままでの見学が可能になれば、ブローニュの森に関心を示す者もいなくなるだろう。

こう喜んでいるのは、「ラ・ヴィ・パリジェンヌ」誌の記者である。だが、馬に乗らなくとも下水道観光は非常に人気があった。——なんと清潔なのだろう！　当時の人々は「下水道の歩道の上は、貴婦人がルーヴルからコンコルド広場まで、スカートの裾をいっさい汚すことなく歩いていけるほどきれいだ」と感動していた。一八六七年のパリ万国博覧会ではロシア皇帝アレクサンドル二世が地下へ出かけ、オスマンとベルグランからこの奇跡的建造物の解説を受けた。皇帝は驚き、またポルトガル王も非常な感銘を受けた。その後、一般市民がパリの内奥を見学すべく長蛇の列を作ったのも当然のことだ。

当時のあらゆる観光案内が下水道見学を奨めている。シャトレからマドレーヌまで、というやや長めの順路が人気だった。その頃の見学ツアーは、部分的にたいへん楽しい船遊びのような雰囲気があった。閘門船《バトー・ヴァンヌ》に乗りこんだ、最新の流行の帽子をかぶった貴婦人やシルクハット姿の紳士たちの歓

◉ 1750 年頃からパリの下水道機構に棲息するドブネズミ。

◉ナダール撮影の下水道管。労働者の人形を置いている。

◉ 19 世紀の半ばまで、飲料水はバケツに入れて道端で売っていた。

◉水売りのタンク馬車。

声が大溝渠《グラン・コレクトゥール》の中に鳴り響いていた。当時に比べると、現代の見学ツアーはむしろ抑圧され、教育学的な観点から均質化されてしまった観がある。

■地下の害獣との戦い

人が入れるようになり、何千個もの灯りによって照らし出され、合理的にデザインされた「パリのはらわた」は、あたかも秘密も恐ろしさも失ってしまったかのように見える。だがヴィクトル・ユゴーはそのような見せ掛けにはだまされない。確かに、オスマンによって設計され整えられたパリの汚物溜めは、かつてのように粗雑ではなく、まるでむきたての卵のような風情があるものの、まだ信用してはならない、というのである。下水道は決して無垢ではなく、むしろ欺瞞《ぎまん》であるのだそうだ。ユゴーは書く。

> ありとあらゆる浄化方法をたしかめてみたが、告白したあとのタルチュフ［☆モリエールの同名喜劇（1664）のペテン師］みたいに、なんとなくあやしげなにおいをただよわせている。［☆『レ・ミゼラブル』第五部第二編五］

なんと彼は正しかったことか。実際、百万都市の消化が行われている場所が、永遠に無垢でいられるはずがない。そしてベルグランの天才的な地下道の中にも、ほどなく新しい生態系が発生した。ドブネズミである。

　最終的には皇帝ナポレオン三世もオスマンもベルグランも、パリの下水におけるドブネズミの支配を覆すことはできなかった。この種のげっ歯類は一七五〇年頃、大量にパリに侵入したものらしい。ある資料によると、当時ドブネズミは地震に追われ、カスピ海周辺から逃げてきたという。そしてパリに到着するなり、以前から地元に棲息していたそれほど獰猛ではない種を食いつぶしてしまった。以来、セーヌのほとりの大都市の贅沢なごみをえさに繁殖し続け、現在では約六百万匹いる、と推定される。

　彼らにとり、この臭く、湿った王国における唯一の敵は、下水道作業員《エグティエ》である。ネズミ側の武器は、レプトスピロシスという細菌で、これはネズミのし尿が感染源となって病気を引き起こす。作業員たちは、「ガスパール」あるいは「クザン」と呼ばれるドブネズミに対して、化学薬品およびバイオ薬品を大量投入して、情無用の戦いを続けている。地下には、ガスパールが食べれば体内に大量出血を起こして死ぬという、市立衛生研究所が開発した除鼠剤が、撒かれている。そして、現在大きな期待が寄せられているのは、最新のネズミ用避妊剤だ。

これでわれらが地上のパリが、ネズミのかじり跡もない、コンクリートとガラスとプラスティックによる無菌の町になってしまう。

スイスの作家ニクラス・マイエンベルクは心配する。

それればかりか、警察長官が勝利すれば、地下も荒涼とした不毛の地となるだろう。

だが、心配はいらない。ネズミ退治はそう簡単にはいかないものだ。これまでガスパールどもは、このずるいえさに口をつけていない。そして、この種の著しい繁殖力は、いかなる毒餌の威力をも上まわる。

なお、仮にドブネズミの数をしっかりと減らすことができたとしても、パリの下水道を清潔な荒野に変えることを妨害する生物は他にもいくらでも残っている。パリの地層の深いところに棲息する、カファールと呼ばれる無数のゴキブリを思い出してみればよい。下水道からはほとんど出ることのないドブネズミよりも、パリジャンが日常的に接触することがあるのは、このゴキブリのほうだ。なぜならゴキブリは縦にも移動するからだ。排気口や下水管、ダストシュートなどを這って、高級住宅街だろうがどこであろうがおかまいなしに、住居の中に侵入する。ゴキブリ《カファール》こそ、地下世界がパリの日常に送りこむ真の使者であり、下水とマイホームを往復する勤勉なリレー走者なのである。そしてどんなに有効な駆除剤が発明されても、彼らを撲滅できると本気で思っている者はどこにもあるまい。

■オスマン男爵、泉の水をパリに引く

もうひとつ。パリの下水道機構では、ひどい汚れと純然たる清潔が隣り合わせになっている。つまり、不潔な発酵や害獣の世界と、最上級の清らかな飲料水とを隔てているのは、薄い鉄管の壁一枚に過ぎない。パリでは上水道——飲料水の分配——にも、同じ地下網が使われているのである。

首都パリに命の水を供給するシステムは、第二帝政（1852〜1870）の偉大なる功績であり、主に頑固なオスマン知事のおかげである。彼と、彼に忠実な土木技師、ベルグランが登

◉ナポレオン３世治下、飲料貯水場として設置されたラ・ヴィレット貯水場。ウルク川の水が引かれていた。手前には、ルドゥーの関所の建物が見える。

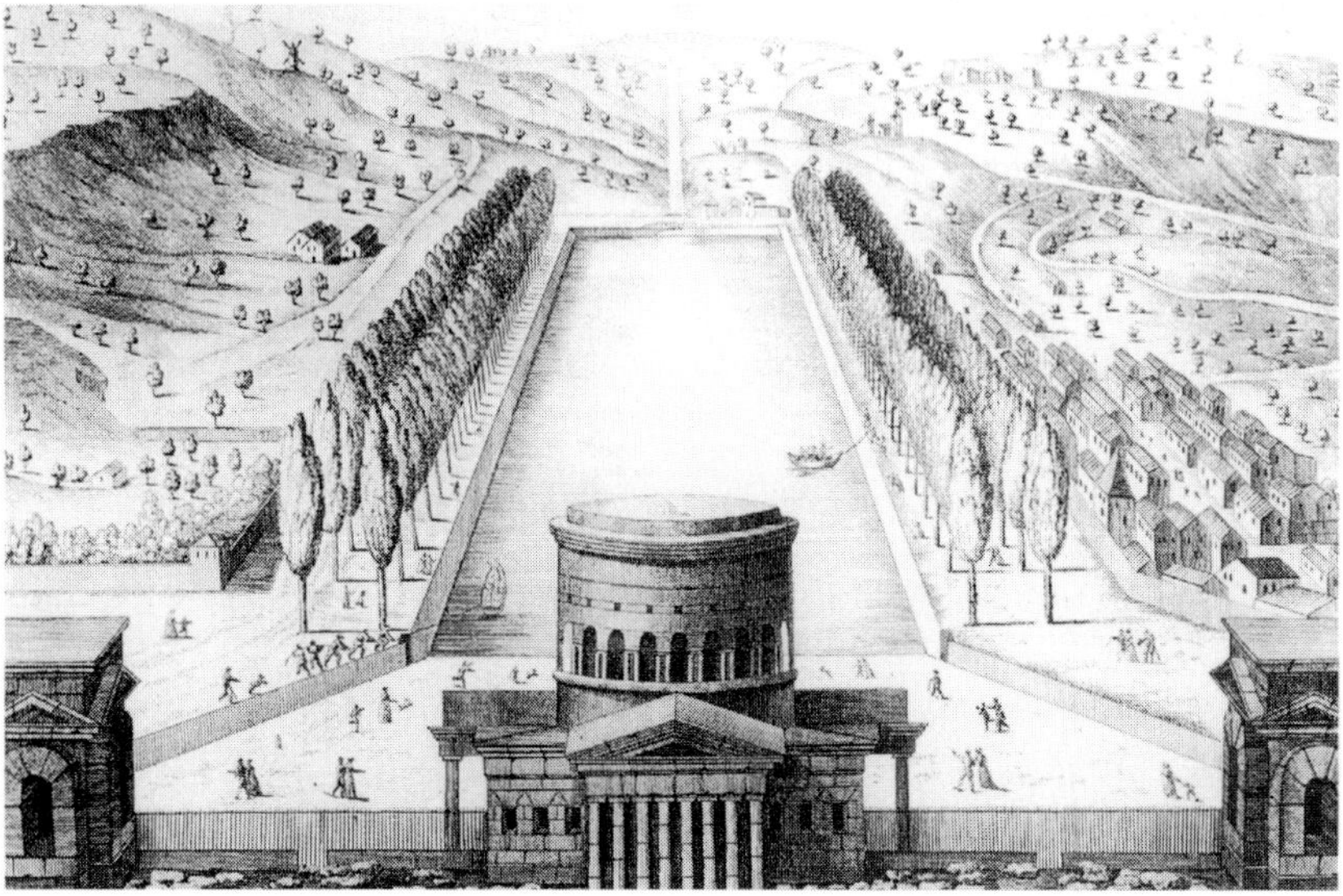

場するまでは、パリの上水道は質量ともに不十分であった。清潔な水とは、パリ市民にとって長い間手のとどかない贅沢であったといえる。もちろん、近郊から水を市内に引き入れる水道は早くからいくつもあった。ベルヴィルの丘に、今でも残る不思議な石造りの丸屋根の小屋もその跡である。

今日では街中《まちなか》にあるが、これら十六世紀頃に建てられた物見の塔《ルガール》は、かつては広い野原の真ん中に建っていたもので、その地下には螺旋階段を伝って降りていくことのできる水槽がある。この水槽には近くの泉の水が集められて、石造りの水道を通って町の公共の井戸に流されていた。一六二八年からは、マリー・ド・メディシスの水道によって、アルクイユの泉の水がパリ南部へと運ばれたが、それは成長し続ける大都市にとって、どちらかといえば哀れなほどに少量であった。公共に開放されている数少ない井戸の周りには、女子どものほか、近隣の屋敷から召使が集まり、水を汲むため、バケツや鍋をもって長蛇の列を作っていた。現代人が、アフリカの農村のドキュメンタリーなどで目にするような光景が、十九世紀までのパリの日常で見られたのだ。

とはいえ、水の供給の大半は、重いバケツを上階まで運んでくれる、数千人もの水汲み業者に依存していた。彼らは主

◉ヨンヌ川を越えるヴァンヌ水道橋建設の模様。オスマン男爵の指揮下、建設工事は大規模なものになった。

としてセーヌ川の水を売っていたのだが、それは公共の井戸による供給を需要が著しく上まわっていたためである。一六〇八年にはアンリ四世が新しい橋《ポン・ヌフ》［☆竣工は一六〇七年］の脇にサマリア人《サマリテーヌ》のポンプを設置させた。一六七二年には、ノートルダム橋のポンプが加わった。これらのポンプによって汲み上げられた水の質には、非常に大きなむらがあったが、パリジャンには選択の余地などなかった。「川がにごっているときには、にごっている水を飲む」とメルシエは端的に当時の事情を説明する。

　セーヌ川の水は、必ず慣れない者の胃を刺激する。よそ者の場合は必ず軽い下痢を起こすが、これも、コップの水に大匙一杯の酢を加えることによって防げる。

パリへの水の供給をなんとかしなくてはならない、と決意したのはナポレオン一世だ。彼は、北東にあったウルク川を市中に移し、屋外にラ・ヴィレットの貯水場《レゼルヴォワール》を建設すると同時に、貨物港に指定した。ウルク川は、水路として利用されていたが、オスマン知事が登場した時点では、セーヌ川と並ぶパリの飲料水の主要採取源であった。しかし、ウルクの汚染は著しく、水質は非常に悪かった。ウルクにせよセーヌにせよ、パリ市民が飲まされていた水の劣悪ぶりは、オスマンとその同盟者ベルグランが、清潔な水をたっぷりと市民にもたらしたい、と切望する充分な理由となった。

だが、遠方の水源から水を引きたい、という意見を表明するなり、オスマンは無理解と反対の嵐に直面した。おそらく彼は、教義を冒涜した異端者のような気分になったに違いない。

　私は、着任して庁舎に到着して以来、セーヌ川の水が飲めるものかどうかを疑った、最初の、しかも長い間ただひとりの人間であった。そんな自分がもった勇気と狡智に、われながら驚いている。（あの水が）飲める、という思いこみは、他の事柄についてはいつも疑《うたぐ》り深いパリの住民、そして何よりも学術機関の間で根強く、あたかも伝説のように繰り返されていた。これでは、まるで信仰だ。

オスマン男爵の考えは技術的進歩に逆行する、と当時の反対者は主張した。セーヌ川の水をせっかく蒸気ポンプという安くて近代的な方法で汲み上げることが可能になったというのに、なにやら古代ローマに倣ったらしい全長数キロの水道建設を計画している。なんと高コストで時代錯誤の提案か。
——だが、オスマン知事は少しも迷わなかった。彼は、「現在ではほとんど想像することもできないような熱狂的セーヌ川信奉者との戦い」に全力を投じて勝利した、と後日自画自賛している。

一八六二年、デュイス川からパリ北部のメニルモンタンの大きな新しい貯水場に水を運ぶ全長百三十一キロの水道の建設が、いよいよはじまった。

◉中央貯水場から延びる大きな上水道管が、各地区の貯水場へ水を運んだ。19世紀末の写真。

パリ南部のためには、サンスという町の近くにあるヴァンヌ川から水が引かれた。全長百七十三キロの水道がモンスリの貯水場との間を結んだのである。そして数十年後、アヴル川、ロワン川とリュナン川もこの水道網に組み入れられることになった。

需要の増大と浄水技術の進歩により、一八八六年からはセーヌとマルヌの上流からも水が引かれはじめた。以来、パリの水道水は、いろいろな地域の水によって構成されている。

水を集積する新しい設備は、地下の驚異的なモニュメントとなった。特に、モンスリの巨大な貯水場は感動的である。この石造りの水の神殿の地盤を安定させるためには、事前に地下深い採石場《カリエール》跡で大掛かりな補強工事を行う必要があった。一八七四年に完成した貯水場は、面積三・六平方キロの水槽がふたつ重なったものである。合計三十万立方メートルの容量のこの貯水場は、現在でもパリ南部に上水を供給している。各階ではそれぞれ千八百本の柱が、客のいないプールのような水面に、その姿を映している。

パリを訪れる客は、暑い日にも道路をふんだんに流れている水に驚くことがある。なんという無駄遣いだろうか。それとも、どこかで水道栓でもこわれてしまったのだろうか。その答えは、実は簡単である。パリには別々に、ふたつの水道網があるのだ。市民が毎日水を飲めるように、オスマンが大がかりな水道機構を建設した際、旧来のセーヌ川とウルク川の水を引く水道網がそのまま残されたのである。この水は、飲料水ではないが、清掃、冷却、消火、噴水などに大いに利用されている。

こうして、事業用水機構が個別に存在することにより、純然たる家庭用水が確保された。この、両者が独立して機能する仕組みは、今日でも、全長千六百キロにわたって毎日四億リットルのセーヌ川とウルク川の水を循環させ、パリ中で使われている。

「非飲料水《オー・ノン・ポタブル》」は、パリ市当局が管理しており、工場に販売されたり、芝生の水撒きや道路の清掃に使われている。

これに対して飲料水機構の運営は、水道と貯水場建設への公金の出資後、一八五三年創立の民間企業「ジェネラル・デ・ゾー社」に委託された。同社は水道管の保全、建設、各戸の接続と水の売買を任されている。以来、この会社の、他に例を見ない躍進がはじまった。同社は現在、世界的に活動する大企業となり、一九九九年からは「ヴィヴァンディ社」と改名している［☆二〇〇三年、さらに「ヴェオリア社」と改称］。無数の市町村の水道網を運営するほか、ごみ処理業、市内交通、バス会社や葬儀会社も経営するヴィヴァンディ社は、最近、通信市場にも積極参入し、携帯電話ネットやケーブルテレビのネットワークを運営するほか、ヨーロッパ最大の有料テレビ業者にもなっている。

水だろうと映像だろうと、管やケーブルやパイプや人々の頭の中を流れるあらゆるチャンネルは、この第二帝政時代に創立された会社によって管理され、販売されているのだともいえる。地下網は、パリの飲料水にはじまって、社会全体のすべてをつなぐネットワークへと発展したのだ。

✴第7章　コミュナールと怪人

■一八七一年の蜂起

もう一度、地下の生態系に話を戻そう。一八四八年の革命以後、政治的、または社会的な反対勢力を動物にたとえ、「ドブネズミ」などと罵倒することが一般的になった。地下の生態系の代表格であるドブネズミは、そこにうごめく危険分子を象徴するにはもってこいの存在だった。

テオフィル・ゴーティエ（1811〜1872）は一八七一年に書いている。

　すべての大都市における闇の深淵には、あたかも臭気を放ち毒をもつ動物のような、文明によって手なずけられることのない反抗的な異常性が満ちあふれている。ある日、看守がこの地下の動物園に鍵をかけ忘れると、その野獣は甲高い雄叫びをあげ、驚愕する町の中を動きまわるのである。

どんな野獣をさしているのかは、この文からでも察することができるが、続きを読み進めれば、ゴーティエもそれを説明していることがわかる。

　開放された檻の中からは、一七九三年のハイエナと、コミューンの類人猿が飛び出す。

そう、彼は、謀反の中心たるパリから時折噴出する「危険な民衆」のことをいっているのだ。「野獣」は一八七一年、パ

◉1870年のプロイセン軍によるパリ包囲中、フランス政府は敵方が秘密の地下通路を経由して町に侵攻することを恐れ、石灰岩の採石場への入口を壁でふさぎ、警備させた。

◉パリ・コミューンの蜂起が鎮静化した後、多くのコミュナールはカタコンブと空（から）の採石場の坑道に逃げ込んだ。軍隊は数日間にわたり、すべての入口を警備した。図はパリ南部のシャティヨン要塞の様子。

リ・コミューンの蜂起という形で再び歴史の舞台に現れた。

このドラマでも、地下はとても具体的な形で一役買うことになった。

一八七〇年、ナポレオン三世はセダンの戦いでプロイセンに敗れて降伏し、その直後に共和政が宣言された。だが、戦争は終わらず、一八四五年以来新しい市壁［☆四一年から着工された「ティエールの市壁」］に囲まれていた首都パリは、プロイセン軍に包囲されることになる。

パリでは、危機に陥ると必ず、気づかないうちに敵が地下から侵入するのではないか、少なくとも採石場《カリエール》経由で密偵が送りこまれるのではないか、という猜疑心が民衆に蔓延した。こうした社会不安への対策として、警察庁は触れ書きを配布することにした。

告知。パリの採石場とカタコンブについて、市民の不安をかき立てる内容の噂が流布された。警察庁は市民に対し、三日間にわたり、これらの危険区域について、入念なる調査が行われたという事実を報告する。同調査では、市民の不安を裏付けるような事象は一切みつからなかった。なお今後、これらの場所では、市内への侵攻の試みを未然に防ぐための安全措置が取られる。

「安全措置」とは、市壁の近くにある坑道すべてを壁によってふさぐことだった。同時に、パリ南部に集中しているプロイセン軍を急襲するには、いくつかの坑道を残しておいたほうがいいのではないか、といったことを検討する採石場監督局の局員も一部にはいたようだ。すでに、果敢な特攻隊の一部がバニューに駐屯しているプロイセン軍の陣地の真下まで進出したことがあった。同じように、数百人の兵に夜間敵陣を急襲させ、あのクルップ砲［☆アルフレート・クルップ（1812〜87）により開発された鋳鉄製の大砲］を使えないようにさせてはどうだろうか。あるいは採石場の遺構を通信網として使い、地方と連絡をとったらどうか。――だが、これらの提案はすべて指令部によって却下され、戦争が続けば続くほど、パリの国民軍は、フランス政府の防衛意志を疑うようになった。

他方、穏健派から見れば、この国民軍自体なかなか不気味な存在だった。包囲のため、国民軍では二五〇もの大隊が組織されなくてはならなかったが、別の見方をすれば、危険なパリの民衆の手に武器がわたったのである。これは、あまり気持ちのいいことではなかった。臨時政府としては、一月二十八日の降伏は、楽な道に見えたのかもしれない。

だが、首都を防衛し、愛国心に燃え、士気が上がっていた国民軍にとり、この降伏は屈辱以外の何ものでもなかった。そんな折、プロイセンのビスマルクが、平和条約は公式の政府のみによって調印されなければならない、と主張した。それを受けてフランス側は急遽、国民議会の選挙を実施することになった。その結果、極端に保守的な勢力が過半数を獲得し、パリ市内ではとたんに国民蜂起の気運が高まったのである。

アドルフ・ティエール大統領（1797〜1877）に率いられた新政府は、民衆の武装解除に失敗し、ヴェルサイユに避難する羽目に陥った。国民軍の大隊は、権力の空洞化を好機とみなし、パリ市議会、すなわちコミューンの選挙を組織した。過激な政治クラブが貧しい地区の教会を占拠し、革命に対する期待をあおった。

だが、コミューンには余裕がなく、重要な政策として決定したのは、社会的困窮の軽減をもたらすわずかな措置くらいのものだった。五ヶ月間プロイセン軍に包囲されたパリは、今度はヴェルサイユ政府に囲まれていたのだ。

このときも、地下における敵の活動が疑われ、さまざまな噂がとびかった。歴史家のジョルジュ・ラロンズは、『コミューンの歴史』の中で次のような描写を残している。

民衆の想像力は無限にかきたてられた。そして、彼らはこの機会を無駄にはしなかった。責任者はみな、当時横行した手口、すなわち地下を使った背信を摘発しようと躍起になった。サン・ラザールの監獄では、地下教会からアルジャントゥイユまで続くという噂の地下通路の存在が捜査された。もし噂が真実ならば、この道はセーヌ川の下を二度くぐり、長さは十二キロもあるはずだった。また、サン・シュルピス教会の下には、ヴェルサイユ宮殿に続く地下坑道が存在する、という疑いもあった。

常に同じことであったが、歴史的危機が発生するたびに、危険は、地下に潜むものと思われた。だが、より具体的なレベルで、地下が関心をひく理由がひとつあった。パリ南部にあるヴァンヴ、そしてモンルージュとイヴリにある要塞とパリの間には実際に地下道が存在した。採石場監督局の助けを借りて、これらの地下道は、人が通れるように整備された。おかげで、ヴェルサイユ勢がこれらの砦を襲撃した最初のうち

◉ヴェルサイユ軍は、逃げるコミュナールをカタコンブの奥深くまで追い、片っ端から殺した。1871年5月の血の一週間に、数万人が命を落としている。図は当時の版画。

は、発生した損失を即座に補填することが可能だった。地下に砂袋や弾薬の在庫があったからだ。ヴァンヴとモンルージュの砦が陥落すると、コミューン兵《フェデレ》は地下道経由でパリに逃げ戻り、自分たちが通った坑道に、壁をつくって塞いでいった。

　パリの奪還は五月二十一日にはじまった。ヴェルサイユ勢はサン・クル門からパリへ侵攻し、コミュナール（コミューンの成員）の大隊は、標高の高い貧しい北東の地区、すなわちモンマルトル、ベルヴィル、メニルモンタンなどに追いこまれた。コミューン兵は、現在のラン・エ・ダニューブ広場の下の石膏採石場、カリエール・ダメリークの敷地で、最後まで戦い続けた。当時山中で射殺されたのは約八百人といわれている。その後、ヴェルサイユ勢は、戦いをごく簡単に終わらせるため、山を爆破し、崩壊させた。そのため、今日まで、コミュナールの遺骨がどこに眠っているのかを知る者はいない。

◉下水道労働者は、変装しているコミュナールだ、と長い間、怪しまれた。1871年のパリの新聞に掲載されたブショによる風刺画の添え書きには「またコミュナールだ。地下は、どこへいっても彼らを吐き出している」とある。

　五月二十八日まで続いた、この「血の一週間」におけるコミュナールへの弾圧は冷酷非道であった。当時の目撃者が口をそろえていうように、ヴェルサイユ勢は、きわめてサディスティックな行動をとった模様である。エミール・ゾラ

（1840～1902）は次のように書き残している。

すべてが、驚くべき速度で腐敗する屍体に覆われていった。パリは六日間にわたり、巨大墓地に変容した。

コミューン史を記録したリサガレー［☆プロスペール＝オリヴィエ・リサガレー（1838～1901）］によると、戦いが終わった後、政府軍は「強大な死刑隊と化した」という。血の一週間の犠牲者は三万人、さらに数万人は監獄に入れられるか南洋のニューカレドニアに島流しになった。

■カタコンブのコミュナール狩り

とどまることを知らない勝者の血への欲求に直面した多くの生存者は、避難場所を捜し求め、多くのコミュナールが、下水道《エグ》や採石場《カリエール》、あるいはカタコンブに逃げこんだ。だが追跡する兵士たちは、彼らをその中まで追っていった。

「カタコンブにおけるコミュナール狩りは、ヴェルサイユ軍によるパリ占領という大きなドラマの中で、最も心を動かすものであった」と「イリュストラシオン」紙は報じている。

軍隊は、モンスリの平地へと続く出口を封鎖し、アンフェール関門《バリエール・ダンフェール》にある入口から地下へ入りこんだ。兵士がたいまつを手に地下の巨大な納骨堂へと降りていく。その後に起きたことを想像するのはたやすいことだ。

坑道や通気孔へと逃げこんだコミュナールの追跡は、六月まで続けられた。マスコミはこれらの捜索活動に釘付けになっていたようだ。

下水道に隠れたコミュナールへの執拗な追及は、毎日大きな成果をあげている。獣のように、人ばかりか、人間狩りに非常に役立つ大きな犬にも追われて、コミューン側代表者の最後の数十人が逮捕された。土曜日の朝から火曜日の夜までに、合計三百人が逮捕されたという。

血の一週間が過ぎた一ヶ月後も、地下における徹底的な捜索活動は続いた。六月二十四日付けの「祖国《パトリ》」紙は書く。

現在わかっている限り、カタコンブと下水道には、もはやひとりのコミュナールも隠れていない。警察官は、全員なにごともなくこの危険な狩りから帰還した。地下では約四百人の敵がみつかったが、幸いなことに、疲労のあまりすでに武器を捨てていた。

これで勝利は決せられたのだろうか。いや、まだまだ完全ではなかった。二日後、複数の女性がカリエール・ダメリークで捕まった、と「真実《ヴェリテ》」紙が報道している。

その中にはコミューンがよく生み出す類いのデュポンという名のあばずれ女もいた。

そして六月二十九日には、「ジュルナル・デ・デバ」紙が、やや同情的な記事を載せている。

昨日、オテル・ド・クリュニー［☆クリュニー修道院長の別邸で、地下にガリア・ローマ時代の共同浴場の遺跡がある。現在のクリュニー美術館］の近くで、カタコンブから出てきた哀れなひとりの男が、飢えと疲労のあまり抵抗もせずに逮捕された。五月二十四日以来地下をさまよい歩いていたのだという。地上に出た時は青白く、やせ細り、きたないぼろを身にまとい、コミューン兵の亡霊さながらであった。銃はもうとうの昔に投げ捨てていたようだ。

■オペラ座の怪人

「ぼくはきみの領地の地上の部分を案内してもらったけれどねえ、クリスティーヌ……地下の部分について世間ではいろいろ奇妙な噂が流れている……ぼくたち、したへおりてみてもいいかなあ？」［☆ルルー『オペラ座の怪人』第12章。以下、同書の引用は邦訳（長島良三訳、角川文庫、2000）より］

——そりゃ、喜んでご一緒しますとも。それにしても、誰の領地の話なのだろうか。そしてクリスティーヌとはいったい誰なのか。そしてここで話しているのは誰なのか。

クリスティーヌとは歌姫であり、彼女の領地とはパリのオペラ座であり、彼女に質問しているのは、ラウル・ド・シャニーという彼女の恋人である。

彼女の領地の地下では、実に不思議なことがおきていた。オペラ座の地下には悪名高い「怪人」が住んでいたのだ。

一九一〇年に発表された有名な『オペラ座の怪人』の著者、ガストン・ルルー（1868～1927）は、元ジャーナリストの人気大衆作家で、刺激的な話題をかぎつける鋭い本能をもっていた。ゴシック小説の大衆版を書いていたともいえる彼は、十九世紀にありがちだった人気《ひとけ》のない森や城といった舞台を離れて、大きな近代都市に恐怖を持ちこんだのである。彼の書いた小説の中で最も有名だったのがこの『オペラ座の怪人』であるが、その舞台には、当時パリで最も有名だった建物が選ばれている。それは第二帝政（1852～1870）のモニュメントであり、第三共和政［★第二帝政に続く一八七一年からはじまり、ヒトラーのドイツ軍に敗北したフランスが、フィリップ・ペタン（1856～1951）による専制的な「フランス国（エタ・フランス）」となる一九四〇年七月十日まで続いた］の初期に開幕をみた、シャルル・ガルニエ設計による砂糖菓子のようなオペラハウスである［☆オペラ座はナポレオン三世の記念建造物として企画された。竣工は一八七五年］。

この音楽の殿堂の地下深くには、大きな湖があり、その岸辺には、怪物が棲んでいるという。この怪物は、いろいろと恐ろしいことをする一方で、上述のクリスティーヌに恋焦がれている。『オペラ座の怪人』は、刊行以来今日まで売れ続けているだけでなく、映画やミュージカルにもなっている。最新版は、イタリアのホラー映画監督、ダリオ・アルジェントによる一九九八年の作品だろう。

ルルーが、パリの地下というモチーフに内包される冒険およびホラーというジャンルに可能性を見出したのは、『怪人』を発表する数年前である。すでに『テオフラスト・ロンゲの二重生活』（1904）という小説の中で、ふたりの主人公が採石場《カリエール》の中をさまよい歩き、地下の湖を発見している。

足下を見たときの私たちの驚きと喜びはいかに大きかったことか。私たちは水晶のように澄んだ水をたたえた湖の、コケの生えた岸辺に立っていた。水中には、目のない、無色のうろこをもったすばらしい魚が泳いでいた。魚は少しも人を恐れず、手で捕まえられそうな気さえした。魔法のかかった湖の水面には、アヒルが群れをなし、水を掻いていた。

目のない地下生物の描写は、アルマン・ヴィレ（1869～1951）の研究に刺激されたものだろうか。ヴィレは、暗い洞穴内の生物の研究を行うために、植物園《ジャルダン・デ・プラント》の地下の古い採石場跡に研究所を開設した科学者だ。ルルーは、想像を膨らませ、作中のふたりの探検者に、十四世紀以来パリの地下に棲息していたという人種を発見させている。目はなく、鼻は象のように延び、大きな耳をもった二万人の人々が、その奇怪な容姿にもかかわらずに、積極的な生殖行為に励んでいた、という。

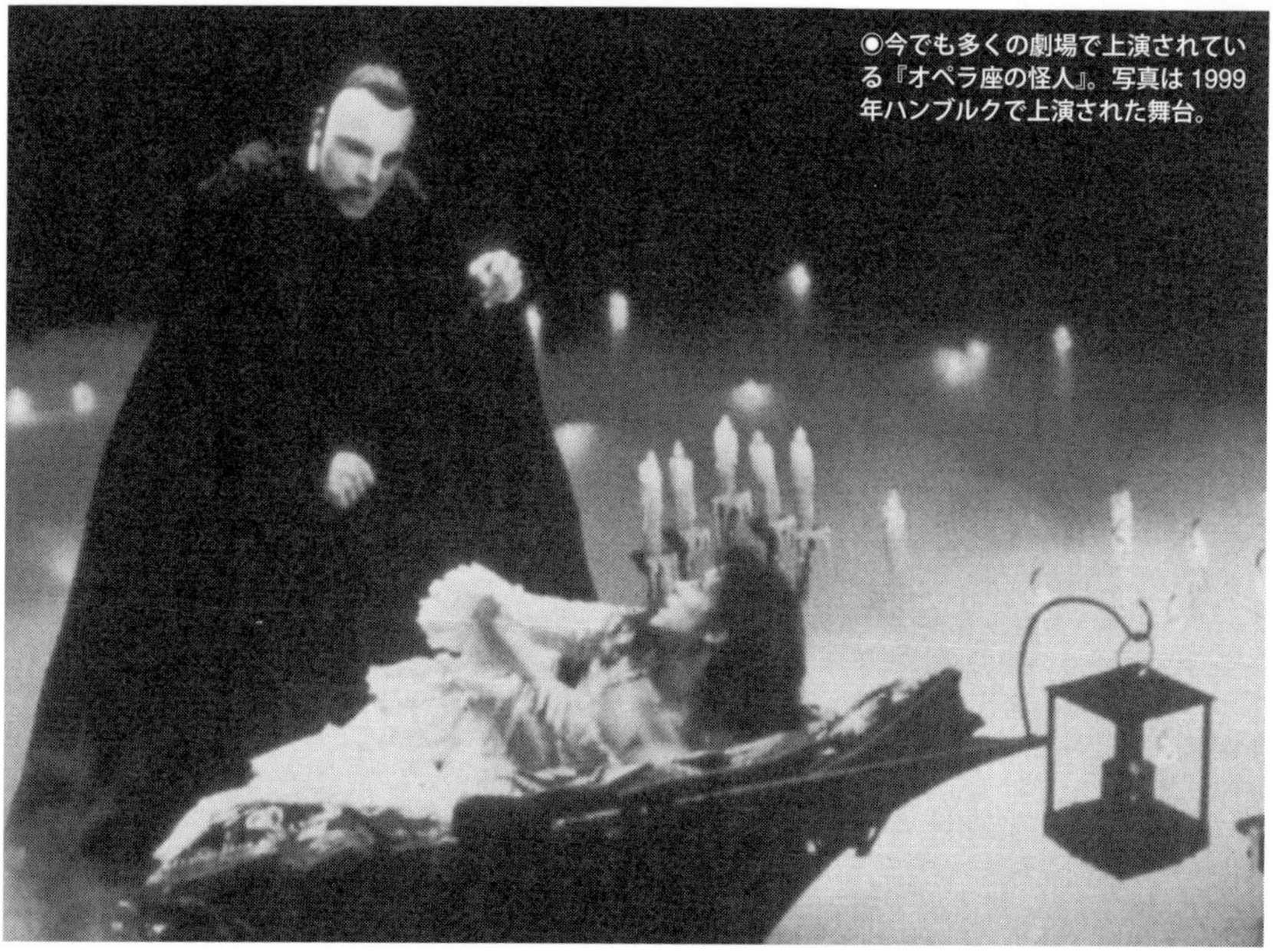

◉今でも多くの劇場で上演されている『オペラ座の怪人』。写真は1999年ハンブルクで上演された舞台。

『オペラ座の怪人』では、再び湖と怪物のモチーフが繰り返されているが、小説は全体的にいっそう効率よく引き締められている。ルルーは、話の舞台を万人に知られた単一の建物の中に限定し、長い鼻の人間の大群の代わりに、怪人をひとりだけ登場させることにしたのだ。

こちらのほうがはるかに不気味で、しかも真に迫っている。オペラ座の地下に、何階にもわたって回廊や階段や秘密の通路が存在することは、周知の事実であり、地下の湖が存在することもあながち嘘ではない。建築家ガルニエは、舞台のある棟の下に、コンクリートで防火水槽を造らせていたからだ。もちろん、クリスティーヌが恋人ラウルに伝えた、ルルーの想像に基づく「黒い湖」の方がはるかに不気味である。

「(……) わたしたちは、ほの白い光に包まれていた。そこは湖のほとりで、鉛色の水がはるかかなたまで拡がり、闇のなかに消えていた……でも、青い光がこちらの岸を照らしていて、一隻の小舟が船着場の鉄の環に係留してあるのが見えた!

もちろん、わたしは、目の前の光景が現実に存在し、地下の湖も小舟も超自然的なものではないとわかっていたわ。

でも、私がその岸に近づいたときの状況がどんなに異常だったか、考えてみて。三途の川に近づく死者の魂だって、あのときのわたしほど不安におののいていなかったでしょうよ。三途の川の渡し守だって、わたしを小舟に運びこんだ人影ほど不気味でも無口でもなかったと思うわ。（……）」［☆『オペラ座の怪人』第13章］

人影とは、オペラ座の怪人、エリックのことだ。自分の醜い顔を隠すために、地下に隠れ、時折、きらびやかでにぎやかな地上のオペラの世界に復讐している。「人間の世界から疎外された彼は、人間たちから遠く離れた地下に獣の巣を作って」いたのだ［☆第26章］。

だが、クリスティーヌの愛によって彼は救われ、文明を破壊するという目標を放棄するかもしれない。――「（……）だれかに愛してもらいさえすれば、私だって優しくなれるんだ！（……）」［☆第23章］

この作品でも地下のエロスが伏線として入ってくるが、それはあからさまではなく、控えめである。「美女と野獣」という、古い人気テーマのヴァリエーション。美しき無垢の乙女が、怪物に身をささげ、世界を救う。

「わたし、〈彼〉のところへもどるのが怖くなってしまったの――地中で〈彼〉と暮らすのが！」

「なにも無理にもどらなくたっていいじゃないか、クリスティーヌ？」

「もし、わたしが〈彼〉のところへもどらなかったら、たいへんなことが起きるかもしれないのよ！（……）」［☆第13章］

さあ、ラウルはなんと答えたであろうか。ここは地上の常識が通用しない地下世界。果たして乙女の運命やいかに……。

■ガストン・ルルーの小説に現れるコミュナールの影

ところで興味深いことに、ルルーはこのオペラ座の地下にかってのパリ・コミューンの名残りを登場させている。かの恐ろしい、「下層民衆」支配の時代には、きっと口にするもおぞましいことが起きていたに違いない。

その廊下は、一八七一年のパリ・コミューンのとき、オペラ座の地下に設置された監獄へ看守が囚人を直接つれていけるよう作られたものだった。［☆『オペラ座の怪人』第21章］

作者は、三月十八日［☆パリ・コミューン政権の発足日］の直後、コミュナールたちが、オペラ座の地下を政府の牢獄に変えたのだ、という。これは実のところ、純粋な空想の話であるが、パリ・コミューンが一般市民にとっていかに長きにわたって「恐怖」を象徴するものであったのかを明らかにしている。

　コミューンの集団的な恐怖は、オペラ座の怪人への恐怖に先立つものだった。「コミューン時代の牢獄の壁には、そこに幽閉されていた不運な人々の彫ったイニシャルが残っていた」［☆エピローグ］、その壁にはオペラ座の怪人の虜となった人々のイニシャルも残されており、この怪人がコミュナールの恐怖を引き継いでいる、という解釈が成立するのである。

　もちろん、怪物と地下というものを想像するとき、さまざな恐怖や空想が入り混じる。オペラ座の地下は、市民の希望と悪夢を映し出すスクリーンとなり、地下に潜む怪人を恐れる気持ちは、無意識の内に潜む、本能的な欲望の奈落に対する恐れという部分もあるだろう。

　とはいえ、ルルーが繰り返し取り上げているコミューンの悪行というモチーフは、この恐怖小説を織り成す一要素となっているのだ。

　物語の終盤で、怪人はオペラ座全体の破壊を企てる。

（……）もし、地上の連中がその隠れ家まで彼を追ってきたら、大爆発を起こして、自分もろともすべてをこっぱみじんにする覚悟だったのだ。［☆第26章］

地下には、すでに爆薬がとりつけられている。これは、かつてコミュナールがやっていると噂されていたことだ。だが、小説における悲劇は、もちろん間一髪で妨げられる。三文小説の中ですら、危機は必ず回避されるものだからだ。それでこそ読者は、輝けるベル・エポック［★「美しき時代」。一八九〇年から一九一四年頃にかけての、フランスの経済的・文化的繁栄期］の薄い上塗りに隠れていた恐怖と欲望の世界に鳥肌をたてながら、肘掛け椅子にゆっくりと身をうずめることができるのである。

✷第8章　十九世紀の地下利用

■採石場《カリエール》のキノコ栽培

愛書家《ビブリオフィル》や映画狂《シネフィル》が空想の地下世界の話に浸っている間に、現実の地下は、大都市の歴史にときどき悲惨な史実を付け加えていく。

例えば一八七六年六月、サンテ通りにある建物が三軒、地下に陥没し、その二年後には同じ通りで、さらに何軒かが地面に飲みこまれた。サン・ジャック荘《ヴィラ・サン・ジャック》の建物もまるごとひとつが地中に消えてしまった。採石場監督局の技師で『パリの地下《パリ・スーテラン》』という詳細な著書を残したエミール・ジェラールは、どたばた喜劇《スラプスティック・コメディ》から飛び出したような場面を報告している。

事件は一八八〇年七月三十日に、サン・ミシェル大通りの某理髪師の自宅で起こった。夕食時、食器がならべられ、料理が出された後で、その理髪師は椅子に腰をかけて、食卓に向かった。その瞬間、目の前に大穴があき、食卓も食器も料理もそのまま地中に飲みこまれてしまったのだそうだ。家のファサードも、部屋の前半分もすべて崩れ去ってしまっていた。奇跡のように無傷だった理髪師は、呆然として大穴の縁に腰掛けていた、という。

十九世紀は、一般に地下と非常に実務的な関係を結んでいた、といえる。採石場《カリエール》の廃坑が非常に高い利益をもたらす商売に利用できることがわかったのも、前述の災難続きのサンテ通りであった。その商売こそ「パリキノコ《シャンピニョン・ド・パリ》」と呼ばれるマッシュルームの栽培である。ナポレオン時代に、シャンプ

◉19世紀、パリ市内の採石場の廃坑で行われた大規模なキノコ栽培の様子。

リーという名の野菜農家が、自宅の庭の下の洞穴で、それをはじめて行った。この洞穴キノコは市場で飛ぶように売れたため、シャンブリーは栽培をさらに多くの坑道へと拡張した。まねをする者も出て、最初はサンテ通りの近所の人々、それから次第にパリ南部一帯に広まり、そのうち一日あたり二十五トンものマッシュルームが収穫されるようになった。次第にこの栽培は、郊外《バンリュー》や他の地方に移転していったが、パリから出荷されることのなくなった今日まで、「パリキノコ」《シャンピニョン・ド・パリ》という名は残っている。

平穏な共和国の首都となったパリは、一八七八年、一八八九年、一九〇〇年の各年、万国博覧会の開催地となった［★パリ万博は、これ以外にも一八五五年、一八六七年と一九三七年に開催されている。エッフェル塔、グラン・パレ、アレクサンドル三世橋、シャイヨー宮など、万博を契機にいくつかの著名な建造物が建てられた］。新しい工業化時代の祭典であり、科学と進歩の枠を集めたパヴィリオンで行われた世界各国の最新技術の展示は、同時にスペクタクル性のあるアミューズメントパークの魅力をともなっていた。これはディズニーランドの祖先ともいえるかもしれない。

地下にも、利便性と進歩という理想がおよぶようになった。地下の使命とは、地上の共同体を理想的に機能させる多くのトンネル構造を受け入れることではないだろうか。

この点については、もうひとつ、今となっては忘れられた感のある技術の冒険に触れてみたい。圧縮空気による世直しの試みである。

■都市の動力源としての圧縮空気

一八七八年の万国博覧会で、ヴィクトル・ポップという紳士が銀メダルを受賞した。このオーストリア人技術者は、万国博覧会でパリ中の時計を同時に動かすことのできる天才的な発明を紹介して話題をさらった。地下を通した圧縮空気用管道を使う、という発想だ。水道やガス供給網があるのと同じように、ポップ氏はパリに、正確な時刻を地下からもたらし、すべての時計に共通の時間を提供する機構を設置したいと提案したのだ。

この計画は人々の関心を集めた。パリにとり、時間の統一化は大問題だったからだ。当時パリ市内の時計は、すべてばらばらで、どれも違う時刻を示していた。――さて、どうしたらよいのだろうか？　電気を使ってはどうか、という案もあったが、当時のパリには、六つの電力会社があり、それぞれの電圧はすべて違っていた。この状況下で「ポップ氏のアイデア」は将来性が見込まれたわけである。彼は、十四ヶ所の公共の広場に設置した時計に、中央時計の時刻を送りこみ、標準時間を実現してみるよう依頼された。

それは次のような仕組みだった。

中央時計から、地下のトンネルを通った圧縮空気が、一分間隔でそれぞれの時計に送りこまれる。この圧縮空気は、サン・ファルジョー通りの中央設備から送られるようになっていた。実験は大成功をおさめ、発明家ヴィクトル・ポップ氏には、「気送式時計総合社《コンパニー・ジェネラル・デ・ゾルロージュ・プヌマティーク》」の創設と、下水道《エグ》全体への地下トンネル網の設置に対する認可が下された。ほどなくして、パリ市当局ばかりでなく、千五百の個人世帯も標準時間を定期購入することになったのである。

だがポップにとって、圧縮空気で時刻を統一する、という事業は、さらに野心的な新機軸への手始めに過ぎなかった。

彼は、地下のトンネルを通じて、圧縮空気をエンジンの駆動力として供給することを考えた。空気を動力とする、というアイデアは、しばらく前から技術者や哲学者を魅了してきたものだった。この資源ならば枯渇することはないし、その上、無料だからである。圧縮空気の利用は、その将来性を大いに期待された。すべての工業は、安く、均等な動力が使えるようになる、という発想で、都市は「空気を動力とする共同

●ビール醸造所は19世紀から温度の低い採石場跡を利用した。写真は当時の14区の地下（現在の様子は22〜23頁を参照）。

体」に変身する、と思われた。

すでに一八四〇年頃から、技士兼小説家のアントワーヌ・アンドロ（1795～1859）という人物が「圧縮空気時代」の未来像を描いている。

いずれ、市町村の行政が、都市に大きな圧縮空気貯蔵庫を設置し、人々はこの非常に便利なエネルギーを利用することになるだろう。今、井戸から水を汲むように、個人の生活でも。

アンドロは、圧縮空気によって動力革命が起きる、と予想していた。

（圧縮空気の普及は）物質世界を変化させ、それによって倫理世界をも変えるだろう。

彼の後継者も、この無二の動力により、社会的な平和と民主化が進む、と考えた。彼らには、多くの社会問題の解決が可能である、とさえ思えたのである。

ヴィクトル・ポップは、標準時間用の圧縮空気網と並んで、下水道の機構にさらにもうひとつ、動力源としての圧縮空気網を設置することについに成功した。――高級住宅街では、油圧式のエレベーターの代わりに気圧式のエレベーターが普及しはじめ、一九一八年には、パリ全体で五千百台あったという。この圧縮空気《エール・コンプリメ》は動力にとどまらず、換気や清掃や自動車タイヤのポンプなどにも直接利用された。

電力各社の統合による競争の激化のため、気圧式標準時計の時代は一九二七年に終わった。とはいえそれ以外の圧縮空気網はその後も拡張されていった。一九二〇年には全長四百三十五キロに達し、さらに成長を続けていったのである。SUDAC《シュダック》［☆Société Urbaine d'Air Comprimé＝都市圧縮空気社］と名づけられた会社が提供する圧縮空気は、自動車工場、塗装工場、コンクリート噴射装置、サンドブラスター、歯科医のドリル、アイロン、樽詰めの生ビールのポンプ設備に使われていた。飲み屋で生ビールを頼むときに、今でも「プレッションを一杯」と頼むのはそのためだ。

さらに、一八六五年からは、圧縮空気事業の副産物として気送管郵便《プヌマティーク》が導入された。一九三四年には、パリ百三十六ヶ所の郵便局はすべて、気送管によって互いに結ばれていた。下水道機構に設置されたこの独立した全長四百五十キロの鉛

◉ SUDAC の圧縮空気工場は、1994 年度まで操業していた。ここで圧縮された空気は広く枝分かれしたトンネル網に送りこまれ、エレベーター、機械、噴射機、ビールのポンプなどに使われていた。写真は 1999 年撮影。

◉次頁：1880 年頃の中央時計の管理設備（上）と空気の圧縮設備（下）。ここから 1 分間に一度。圧縮空気が地下のパイプラインに送りこまれ、接続された時計の針を一目盛り先に進めた。

◉ SUDAC の圧縮空気工場。1930 年頃。

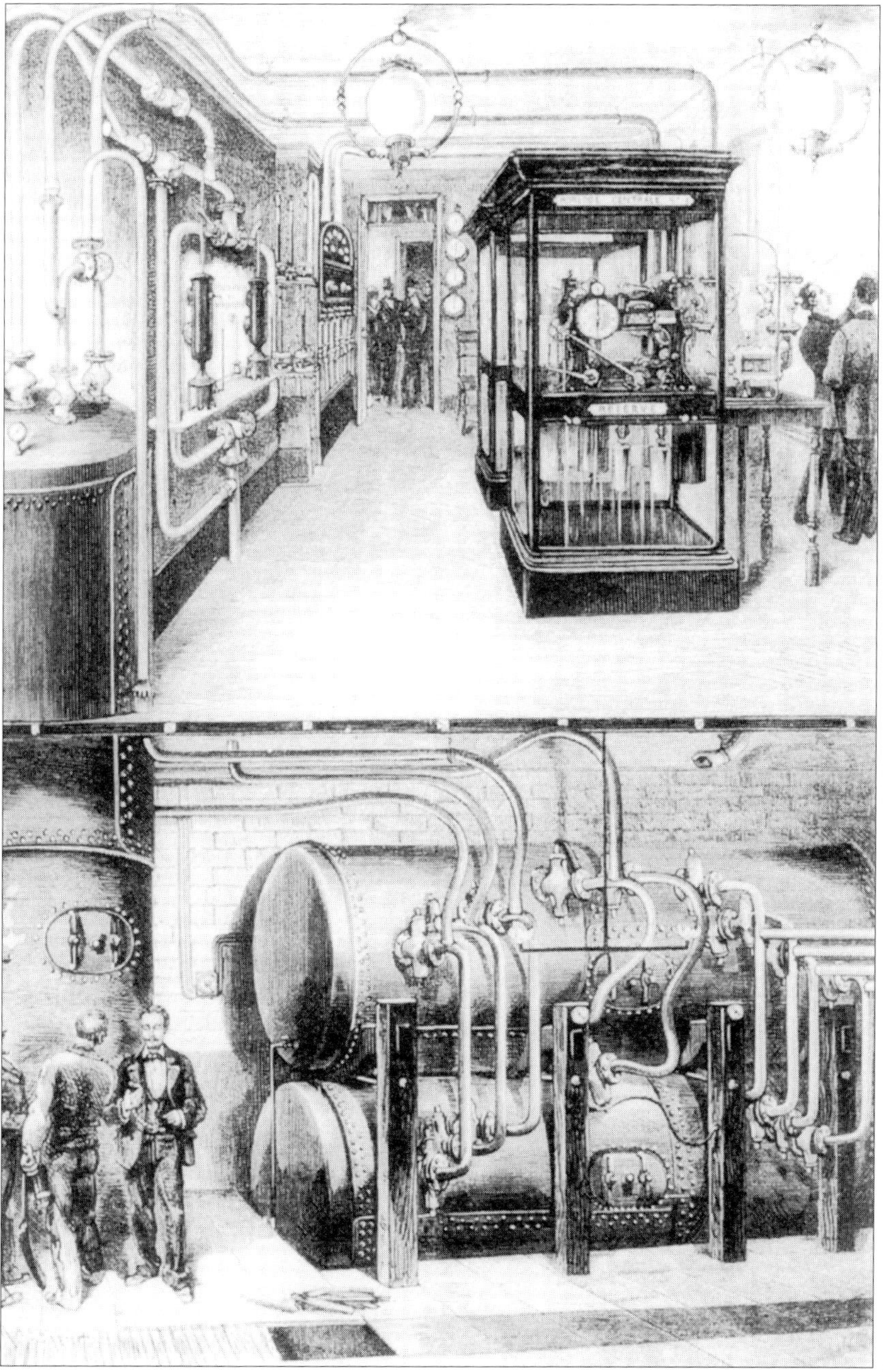

のパイプラインも、ＳＵＤＡＣの中央圧縮空気工場が提供するものだった。

気送管郵便で送られた手紙は、二十分から三十分で目的地についた。「プヌ」という通称で呼ばれるこの郵便は、百年以上もの間、パリの社会生活で不可欠の要素だった、といってよい。

急ぎのニュースは、筒型の容器に入れられ、パリの気送管網を駆けめぐった。古いフランス映画でも、現実の日常でも、これを使った手紙は、恋文や浮気の連絡などによく使われるものだった。だが、歴史上最も有名になったのは、一八九六年にドレフュス大尉の無罪を証明し、内政を大きく揺るがしてドレフュス事件の発端となった手紙だろう。

「プヌ」の時代は、情報伝達の新技術が普及するとともに終焉を迎えた。最後の気送管郵便は、一九八四年にパリの地下を駆け抜けた。ファックス、電子メール、携帯電話の時代の今となっては、市内の気送管郵便システムは、ローテク時代の奇天烈な気まぐれのようにも思える。

先人たちが予告したほど、圧縮空気が全般的に利用されることはなかった。そして、期待されたほど、圧縮空気によって社会が変化を遂げることもなかった。この技術はむしろ

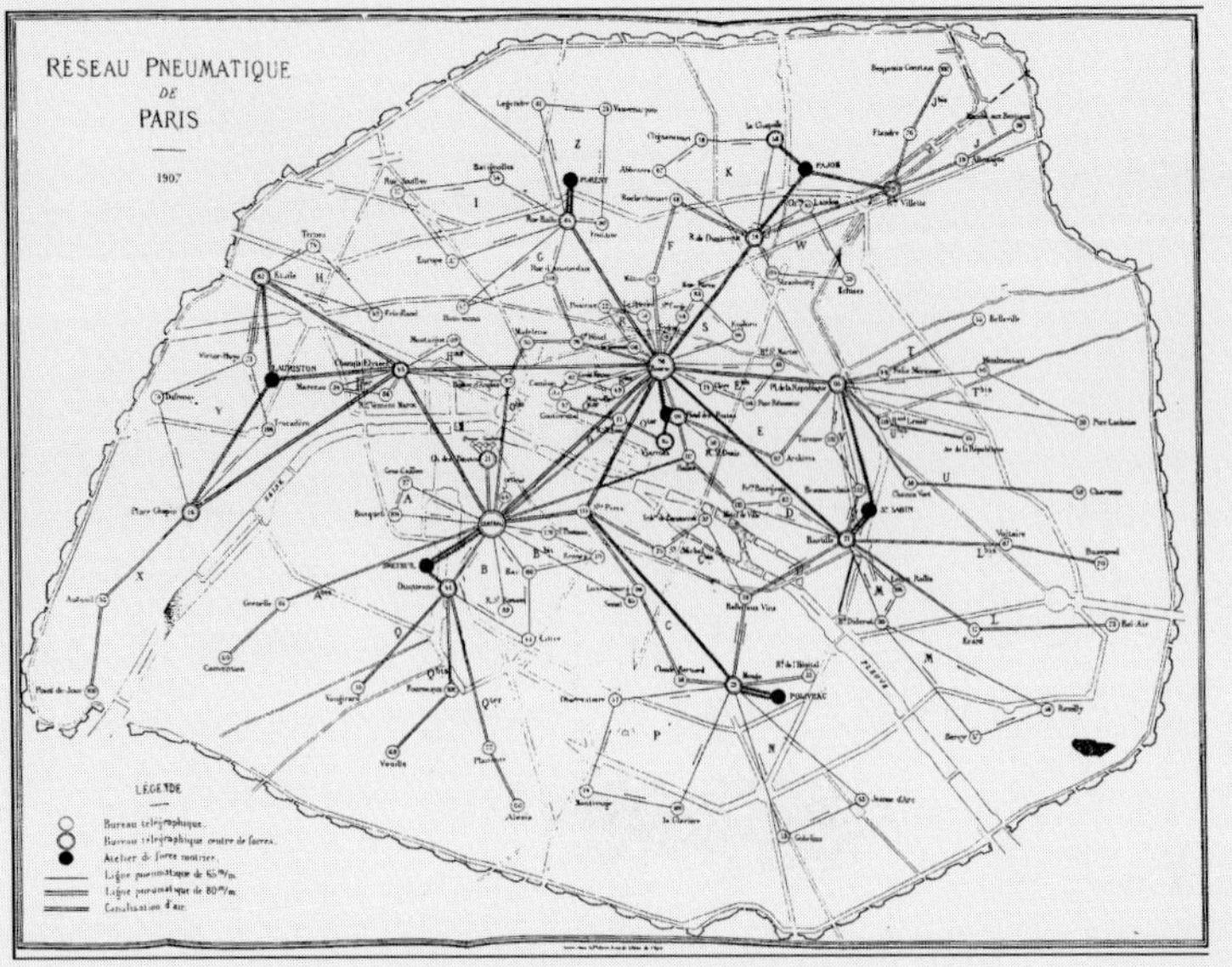

◉ 1917 年のパリ圧縮空気網の地図。

「電力の貧しい親戚」として、脇役を務めることを強いられたといっていい。それでも圧縮空気は、オスマンの下水道機構のおかげで、ほんの少し前までパリ独特の風物として存在していた。

パリの地下の圧縮空気の時代が正式に終焉を迎えたのは、一九九四年になってからのことだ。以来、文化財に指定された空っぽのSUDAC工場は、ラ・ガール河岸《ケ・ド・ラ・ガール》で文化施設として利用されるのを待っている。

■トロカデロの万国博覧会鉱山

一方、万国博覧会では、大衆に新しい話題を提供する、ということが大きな要素となり、それは回を重ねるたびにますます重視されるようになっていった。万博は、ディズニーランドの祖先として、大きな高級遊園地へと発展していった観がある。

そんなことから、地下もひとつのスペクタクルとして演出されるようになっていった。その第一弾が一八七八年の万博のために建設されたトロカデロ宮で、その一部は十八世紀初頭に利用されていた採石場《カリエール》の上に建てられている。また、同じ万博のとき、近くのシャイヨーの丘の脇にある古い坑道の中には、水族館も開設された。古い坑道は、コンクリートを使ったロマンティックな洞窟に変身したのだ。

◉地下の下水道に取り付けられた圧縮空気のトンネル。

◉ 1900 年の万博の際に地下に建てられた「中国の寺院」の跡。

トロカデロ水族館《アクアリヨム・デュ・トロカデロ》では一九八五年までフランスに棲息する魚類を観察することができたが、修復に必要な資本不足が原因で、一時閉鎖されてしまった。しかし現在は複合施設「シネアクア」として再開されている。

　一九〇〇年の万博では、ふたつの大きな展覧会のために、地下の採石場の一部が広範囲にわたって整備された。ひとつの展覧会のテーマは、「地下世界《ル・モンド・スーテラン》」といい、世界中の地学的、考古学的、史学的に珍しいものを一堂に集めたものだった。中国やヒンドゥーの寺院、エジプトやエトルリアの墓穴、ローマのカタコンベ、パディラックの洞穴、エペルネのシャンペンセラー……。ふたつめのテーマは、欧州の大手業者の後援による、鉱山業の紹介だった。電動の列車のある鉄鉱山の模型、本物の原住民が実演して本物の金《きん》を採掘してみせる南アフリカの金山の模型。……多くの人々が物見遊

◉ 1878 年の万博にあわせ、旧採石場の一部は、水族館のある奇妙な洞窟に変貌した。

山に地下へ出かけ、熱狂的な反応を示した。

だが万国博覧会閉幕後は、ギャングが地下を徘徊し、泥棒が鉱山の模型から石炭を盗み出したり、アトラクションを破壊したりしたため、採石場監督局は、これらの地域の管理責任を返還されるなり、このような暴徒を追い払い、入口を壁で封じたのである。

現在でも地下には一九〇〇年の手のこんだアトラクションの数々が、暗闇の中で眠っている。たとえばナポレオンが英国へ侵攻しようと考えたイギリス海峡トンネルの模型など。だが、そこまでたどり着くのは非常に困難であり、もちろん禁止されてもいる。

第9章　メトロポリス

■地下鉄《メトロ》をめぐる闘い

一九〇〇年の万博は、パリの地下にとって新時代の幕開けを意味する、もうひとつの事件と関係している。それは、パリ市街を横断するポルト・マイヨ＝ポルト・ド・ヴァンセンヌ間の地下鉄《メトロ・ド・パリ》一番線の開通である。

このような交通手段に関する案は一八四五年頃から存在するものの、どのような鉄道を作るべきか、という点における市と政府の間の調整に時間がかかり、他の都市に比べ遅れをとっていた。フランス政府は、パリ側の終着駅を連絡線で結び、既存の線の延長によって郊外からの乗り入れを簡易化したいと主張する鉄道会社側の味方であった。これに対して、パリ市は、市内二十区の範囲内で完結する独立した市内交通網を望んでいた。郊外へ続く鉄道線により、市内人口が減り、経済が弱体化することを恐れたのである。

政府と市行政の間の争いは数十年間におよんだ。計画着手が遅々として進まない中、人々の想像力はかきたてられ、あらゆるアイデアが議論された。市内完結型の交通手段を支援する勢力は、さらにふたつに分かれていた。一方のグループが地下鉄を支援していたのに対し、もう片方のグループは、家屋の風通しなども考慮に入れながら、地上に支柱をたて、また、家々の間、あるいはセーヌ川の上に高架線をわたし、ケーブルカーか電車を建設してはどうか、といった提案をしていた。

はじめのうちは、地上を走る鉄道のほうが支持者が多かっ

◉ストラスブール大通りの、蒸気機関車が走るメトロ計画案。

た。多くの人々にとり、地下はやはり不気味な世界で、乗客が地下で変な瘴気に当てられるのではないか、コレラに感染するのではないか、といった不安が一般的だったのである。当時、ある高架線計画の支援者は、次のように演説している。

パリジャン、パリジェンヌ、そしてわれらの友人であるみなさん。地下はドブネズミと汚れにまかせ、われわれは光のほうへと昇ろうではありませんか。

まったく逆の発想をする者もいた。下水溝を毎日きちんと清掃したあとで、そこに鉄道を走らせてはどうだろうか。――これはもちろん、低コストの案であったが、支持は得られなかった。動力に関しても、なかなか意見が一致しない。ケーブルで引っぱるべきか。蒸気機関車を使うのか。あるいは圧縮空気を使って地下道の中の列車を走らせてはどうだろうか。

次第に、国際的にも、パリの鉄道計画の遅延が目立ってきた。ロンドンの地下鉄は一八六三年に開通していたし、ブダペストさえパリを追い抜いていた。それに対し、パリでは権限をめぐる争いが原因となって、事業が一向に進まない。万博が間近に迫るまで、争いは続いた。だが、万博開催時には、

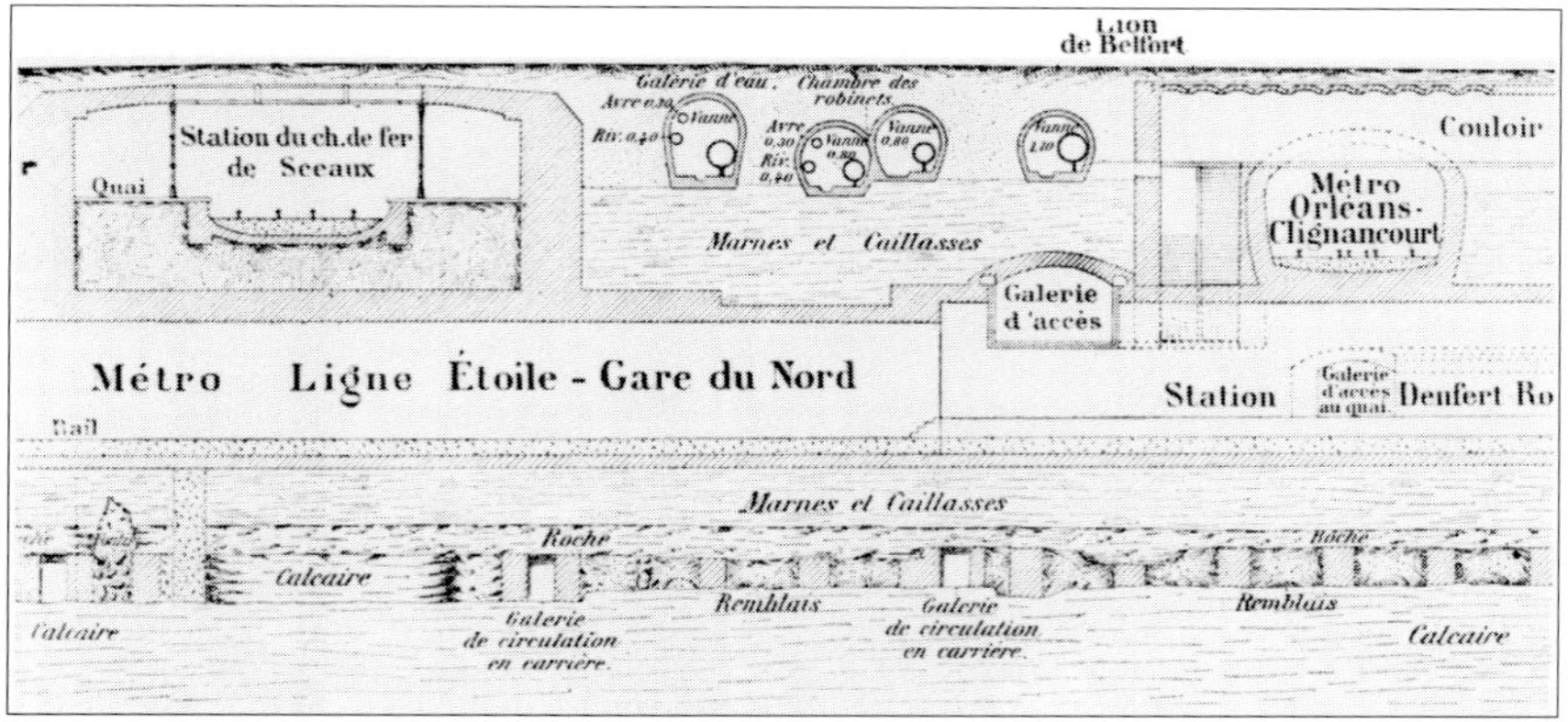

◉ダンフェール・ロシュロー広場の地下断面図。画面左下には、円錐形に天井が崩壊し、後に支柱によって補強された古い採石場跡がある。その上の層には、エトワール広場とパリ北駅をつなぐ東西メトロ線があり、さらにその上にはポルト・ドルレアンとポルト・ド・クリニャンクールをつなぐ南北線がある（画面右上）。画面中央上には上下水道の管があるほか、画面左上に、現在は RER の B 線の一部となっているソー線が描かれている。

◉ 20 世紀初頭のメトロ建設にあたっての地下補強工事の例。

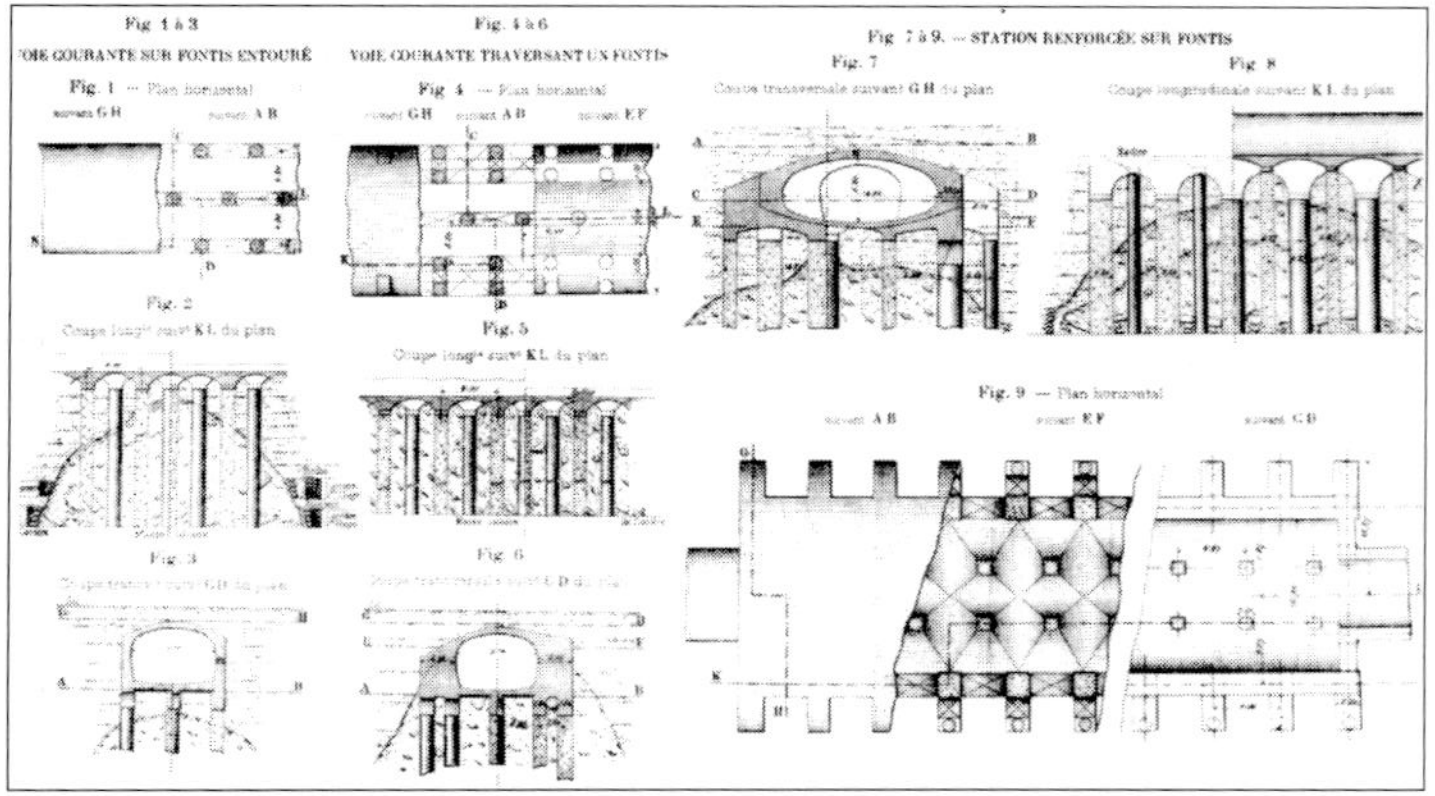

何百万人もの来訪者が予想され、決断は急がれた。最終的には政府が譲歩し、事業推進の主導権は、パリ市内完結型の市内交通網を目指すパリ市に委ねられた。とはいえ、計画の遅れには、メリットもあった。この時点では、電動エンジンの技術も成熟しており、最も便利な方法として確立されていたからだ。

市の決定は、地下電車を建設する、というもので、当面は六本の路線が主として地下に敷設される、ということになった。事業者は、銀行と産業家が協力して創立させたCMP《セ・エム・ペ》［☆Compagnie du chemin de fer Métropolitain de Paris＝パリ都市鉄道社］であった。市はトンネル、橋やホームなどの基礎構造《インフラ》を提供する義務を負った。工事作業の責任者としては、今でもモンパルナス・ビヤンヴニュ駅に名を残す有能な技師であるフュルジャンス・ビヤンヴニュ（1852～1936）が任命された。万国博覧会線でもある一番線は、ロンドンなどとは違い、パリの地下鉄工事の大半がそうであったように、トンネルを地中に掘り進めるのではなく、露天掘りで線路を敷設して、そこに天井をつける、という工法が用いられた。地下深いトンネル工事よりも安上がりで、所要時間も短かったからだ。それでも技術的な問題は続出した。サン・マルタン運河の下にトンネルを通す前に、運河の水を抜かなくてはならなかったほか、サン・ミシェルとシテ島の駅を建設するためには水を吸いこんでいる土壌を凍らせなくてはならなかった。

セーヌ川の下をくぐる部分の工事も困難を極めた。最初のうちは、まだ橋を建てていたが、そのうち川の下にトンネルを通す技術が開発された。浸水しないよう密封された金属製の筐体《きょうたい》を川底に下ろし、その中から川床を掘り下げて、トンネルの所定の深さにまで潜りこんでいく、という工法である。石膏地帯であるパリ北部の工事でも、もろく不安定なビュット・モンマルトルの下、深さ六十三メートルの場所にコンクリートの擁壁が必要になった。

またいくつかの路線では、外部の介入で路線が変更されなければならなかった。乗客量も多く、パリの南北をつなぐポルト・ドルレアン＝ポルト・ド・クリニャンクール線［☆四番線］は、モンパルナスからサン・ジェルマンへ行く途中、奇妙な急カーブを描く。これは、本来セーヌ川の下をまっすぐ南北に縦断するはずであったものを、アカデミー・フランセーズの会員が反対したために余儀なくされた迂回である。アカデミーの下で、ときどき地下鉄の騒音が聞こえてしまうのだとしたら、「永遠の辞典」編纂に携わっている学者の気が散る

◉1899年のメトロ1番線建設の様子。ここでは、アニエールの大清渠（グラン・コレクトゥール）の下をくぐるための工事が行われている。

かもしれない［☆『アカデミー・フランセーズ辞典』は一六九四年初版以来、二〇〇九年までに九版を重ねている］。そこで、地下鉄が、このようなまわり道をしなくてはならなくなったのだ。

■相反する感情とイメージ

パリの地下鉄《メトロ・ド・パリ》（以下、メトロ）敷設の初期、人々は様々な不安にさいなまれた。セーヌ川の水がトンネルに流れこんだらどうしよう。地下世界にはびこるバイ菌はどうなるのだろう。危険な瘴気はどうなのか。人が窒息することはないのだろうか。——不気味な地下世界に対する恐怖と生半可な知識、そして不安をあおる無責任な情報に対しては、なんらかの手を打つ必要があった。エクトル・ギマール（1867～1942）のデザインしたアールヌーヴォーの地下鉄の入口は人々の不安を和らげるひとつの要素となった。植物を意匠としたやさしいデザインが、乗客をなぐさめ、魅了する。地下へ降りていくことに対する恐怖をやわらげる。——ギマールのガラス張りのパヴィリオンのことを、当時の人々は、「薄い羽を広げたトンボのようだ」と評している。

駅の中では、白いタイルがはりめぐらされ、無菌の、近代的な病院の清潔感を連想させる。ギマールは、地下は不衛生である、というイメージにこんなデザインで対抗しようとし

◉１番線の工事の様子。リヴォリ通り、サン・ジャック塔付近。

たに違いない。

地下鉄路線はあっという間に巨大な乗客運搬システムへと発展した。一九三七年にはパリの地下鉄網はほぼ完璧となり、今とほとんど変わらない状態になる。いつの間にかメトロはパリジャン、パリジェンヌの日常生活の一部となっていた。現在では、生活パターンをすっかり時刻表に合わせて、一日数百万人の乗客が利用している。フランツ・カフカのことばを借りるなら、いわば市民も水道のように都市設備の一部となっていて、毎日水と同じように、管《チューブ》の中を流れているのである。

この「慣れ」は一種の無関心にもつながっている。メトロの美、メトロ特有のデザインおよび象徴性は、多くの人々の目には留まらなくなっている。タイル、文字、広告、扉が閉じられる前の警告音、駅の名前。――常客は、夢遊病者のように、このシステムの中を動いてまわる。人類学者マルク・オジェが「メトロ路線の歴史的堆積」と呼ぶものには目もくれない。駅の名前に残されている歴史的事件の名前、有名な戦争や、偉大な人々のこと。駅名の魔法に魅せられ、メトロの神秘的次元に思いを馳せるのは、むしろヴァルター・ベンヤミンのような外部の観察者だろう。

夜になると赤い光がともり、黄泉の国の名前が輝きはじめる。コンバ、エリゼ、ジョルジュ五世、エティエンヌ・マルセル、ソルフェリーノ、アンヴァリッド、ヴォジラール。「通り《リュ》」だの「広場《プラス》」だのがついた長たらしい名前をぬぐい捨て、これらの名前は、稲妻の走る、警笛のなる闇の中では無骨な汚物溜めの神々、カタコンブの妖精になり下がってしまった。この迷路の中には一頭どころか何ダースもの盲目の暴れ雄牛がおり、その口には一年に一度のテーベの乙女ではなく、毎朝何千人ものお針子や寝ぼけた丁稚小僧が飲みこまれていくのだ。

黄泉の国？　稲妻走る闇？　汚物溜めの神々？　暴れ雄牛？　これを聞いたら、パリ交通公社RATP《エール・ア・テ・ペ》（Régie Autonome des Transports Parisiens）の広報部のスタッフは、真っ青になるだろう。この公社は、メトロのイメージ改善を目指し、たゆまない努力を続けているからだ。地下は清潔でしゃれた印象を与えなくてはならない。信頼性が高く、湿気などが入らないよう密封されており、水の滲出もなく、ひび割れたタイルもなく、こわれた電灯などもあってはならない。乗客が無意識下に抱えている「地下での強制滞在」に対する不安の種を、

◉1899年12月11日、メトロ1番線建設の際に、エトワール駅の近くで地盤が陥没するという大事故が起きた。

決してなんらかの形で開花させてはならないのだ。宣伝キャンペーンや自己紹介のポスターとともに、列車や駅の改新にはいとまがない。各駅名の由来を紹介する展示会などがあり、例えばパルマンティエ駅のホームでは、ジャガイモの由来が説明され［☆農学者アントワーヌ・パルマンティエ（1737〜1813）は大飢饉を機にジャガイモの普及に努めた］、コンコルド駅の壁タイルからは人権宣言を読み取ることができ［☆国民主権を謳った人権宣言は一七八九年八月になされ、国王ルイ十六世は一七九三年一月にコンコルド広場で処刑された］、市役所《オテル・ド・ヴィル》駅では、市長舎の歴史が、クリュニー・ラ・ソルボンヌ駅では、有名な卒業者のサインが並び、工芸《アール・エ・メティエ》駅では、アーティストが駅をジュール・ヴェルヌの潜水艦を思わせるぴかぴかに磨かれた銅の管《チューブ》に変身させて、地上の工芸博物館《ミュゼ・デ・アール・エ・メティエ》と関連づけている。毎日の通勤を、空想の世界への旅のいざないとするかのように。

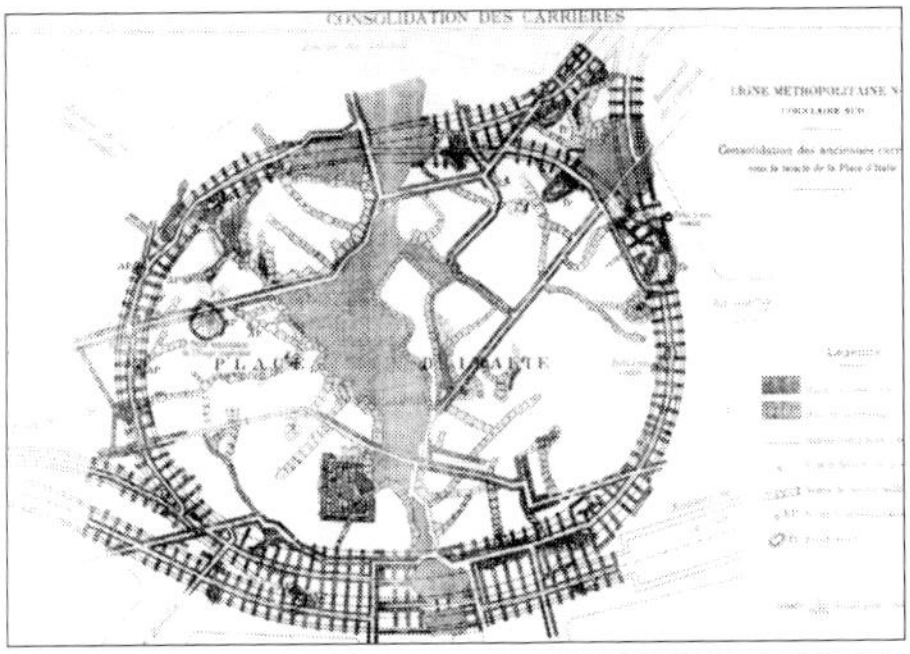

◉イタリア広場の地下鉄駅の下にある石灰採石場跡の補強工事の図面。

ＲＡＴＰでは、何よりも安全上の問題を真剣に受け止めている。

もちろん、メトロでもスリや置き引きはある。特にポルト・ド・クリニャンクール＝ポルト・ドルレアン線［☆四番線］では、パリ北駅《ガール・デュ・ノール》とパリ東駅《ガール・ド・レスト》で、すきだらけの北欧からの旅人が荷物をもって到着し、うまいカモとして狙われている。

さらに、地下は麻薬のディーラーの仕事場でもある。ただし、警察の捜査次第で常にその構成も縄張りも変化している。それから……ときどき露出狂がいたり、ラッシュ時には「さわり魔《フロットゥール》」と呼ばれる、混雑の中で体を女性に擦り付けてくる痴漢がいるくらいだ。大きな事件はあまりない。

統計によると、メトロの危険度は地上のパリと同じである。そうとわかっていても、地下で起きる事件は、その倍ほどの恐怖として感じられるものだ。安全感の向上のためには、いろいろな手段が講じられている。警察は四百三十人の「メトロ防護保安隊（セルヴィス・ド・プロテクシオン・エ・セキュリテ・デュ・メトロ）」を設置しているほか、五十人の私服警官と七十五人の軍警官、そして三百人のＲＡＴＰの守衛サービスのメンバーが常にパトロールしている。そして、大きな駅にはビデオカメラがすえつけられており、激しい動きや叫び声には反応して警報を鳴らすシステムとなっている。

だが、安全であるだけでは足りない、そのため、ＲＡＴＰ

では二百人の特別警備隊を設置した。彼らは揃って背が高く、肩幅が広く、柔道や空手などの訓練を受け、身体にぴったりとした戦闘服といかつい靴を身につけ、そして腰には警棒を下げている。「彼らの仕事は、駅や車両の中で姿を見せて、乗客に安心感を与えることです」とRATPの広報部のデュボワ氏は説明してくれた。「安心感がなにより大切なのです」

■メトロという職場

メトロを警備している人々は、毎日公式にメトロで仕事をしている中のごく一部に過ぎない。例えば、駅の構内で群れをなし、柱の後ろに控え、利用者に切符の提示を請う係員もその仲間である。オリーブ色のジャケットに黄色いシャツ、赤緑のネクタイという彼らの制服は、パリのデザイナーがデザインしたものだ。

これに対して、メトロの運転手の衣服には誰もかまったことがない。仕事が次第に減っていき、最近では無人運転が増えている運転席は、外からはほとんど見えないばかりか、六時間の業務内容はますます単調になっている。扉を開き、そして扉を閉じて、それでも入線のときには一週間に四人、年間二百人ほどいる飛びこみ自殺者に息を飲む。運転手は誰も、

◉音楽家、大道芸人やパントマイマーにとっては、メトロの通路は舞台となり、多くの場合は唯一の収入源となっている。

自分にその順番がまわってこないことを祈っている。たいていの場合、気づいてからブレーキをかけるのでは遅すぎるからだ。一九九八年に開通したメテオール線［☆十四番線］では、もう運転手はおらず、全自動であるばかりか、自殺志願者にとっても歓迎はできない。なにしろ、ホームはガラスのフードによって線路から遮断されており、そのフードの扉は、列車の扉と連動してはじめて開く仕組みになっているのである。

メトロの駅で夜な夜な仕事をしているのは、黄色い作業着をきたCOMATEC《コマテック》社の「軍団」である。彼らは高圧噴射機や、その他すぐれたヘラ、洗浄器やバキューム装置を使って、汚れ、チューインガムのかす、排泄物、あらゆる種類の汚物と戦っているほか、粉塵を結合させ、花の香りを漂わせる薬品をホームに撒き散らす。毎月消費される香水の量は二トンといわれる。その名はマドレーヌ（どうもプルーストの『失われた時を求めて』にちなんでいるらしい）といい、メトロ特有のにおい、すなわち潤滑油、過熱したブレーキ、熱くなったゴム、カビとちょっとだけのし尿の臭《にお》いを、春の花畑を思い出させる香りによって打ち消そうとしている。

地下鉄で働く人々を数え上げる場合、売店の人々も忘れてはならない。毎日通勤で数時間も地下での滞在を強いられて

◉コンコルド駅、12番線ホームの天井のタイルには、人権宣言の文句が焼きこまれている。

いる多くのパリジャンは、小売業界にとってはいい客である。乗り換え、乗り継ぎ、廊下を急ぎ足で歩いている人々は、通りがかりに「ついでの用」を足していく。コーヒーとクロワッサンを頼むこともあれば、靴を修繕に出すこともあるし、家の合鍵を作ることもある。本を借りたり、新聞や宝くじを買ったり、パイナップルやバナナやマンゴーを買ったり、サングラスや安い胸飾り、ティーシャツや財布にライター、電池、チョコレート、そしてパリ土産などを買うことができる。

その昔パリの街頭ではごく一般的な光景だった物売りは、しばらく前からメトロに棲みつくようになっている。交通公社はもう何年も前から彼らを追い払おうとしている。しかし警察の長靴が出店に並べている商品を何度踏み潰し、没収するようなことがあっても、彼らは必ず戻ってくる。あらゆる禁止は無効であった。ついにこのような街商を規制するために、公社はその一部に許可を与えて合法とした。だがそれでも、不法な商売は思いがけず増えていく。この零細な商売は、様々な人種によって専門化されている。マグレブ人は果物売り、温州《うんしゅう》の中国人は皮革商品やファッションアクセサリー、クジャラート州のインド人はライターやヨーヨーなどの玩具を、バングラデシュ人はマフィアのためにピーナッツを売っている。

さらに、地下鉄を仕事場とする人々の中には、何百人もの音楽家も入れなくてはならないだろう。

通路でも列車の中でも音楽は奏でられる。実は違法行為なのだが、追及されることは少ないようだ。演奏する一団には、学生も天才奏者も、路上生活者《クロシャール》も年金生活者も入り混じっている。ソリストもいれば、二重奏者、三重奏者、四重奏者もいる。使う楽器もさまざまだ。アフリカの太鼓もあれば、サクソフォンもあれば、アンプつきの電気ギターもあれば、ハープもバイオリンもある。ヨーロッパ中で出会うことのできるインディオグループもポンチョを着てパンフルートを奏でている。そして、パリ特有のアコーデオン。最近では主としてルーマニア人が主流となっているようだが、なかなか上手い。東欧から音楽家がパリに流れてくるようになって以来、音楽の水準は明らかに上昇している。

■終着地としての地下世界

RATP《エール・ア・テ・ペ》は、音楽家も物売りも目の仇にしている。突発的で、予想ができず、不規則なものはすべて、地下事業にとって不可欠の「安全で、清潔で、予想可能な状態」の確保を脅かす

◉アール・エ・メティエ駅は、アーティストによる内装の改修後、ジュール・ヴェルヌの潜水艦を彷彿とさせる姿になった。

のである。彼らは音楽を嫌っているわけではない。人々の心を柔らげ、気分をよくする音楽もある。普通運行のメトロを補うRER《エール・ウ・エール》(首都圏高速鉄道)では、一九七〇年代から、ミュザックと呼ばれる、人々の攻撃性抑制を狙った音楽が、スピーカーから流れている。そして、RATPは最近さらに一歩進み、民営ラジオへ資本参加して、特定の場所にすえつけられたスピーカーから、複数の駅の構内に音楽を流しはじめた。

だが、どんなにメトロを明るく清潔な場所にしようとして、リラックスするような音楽を鳴らしたり、心地よい香りを振りまいてみても、メトロが路上生活者《クロシャール》やSDF《エス・デ・エフ》(Sans Domicile Fixe)と呼ばれる非定住者の避難所であることに変わりはない。列車の中で、「みなさん、おじゃまをしてすみません《ボンジュール、メッシューダム、エクスキュゼ・モア・ド・ヴ・デランジェ》」といいながら、非定住者自助会の新聞を売りつけようとしたり、今晩の宿泊施設代をかき集めようとしている者がいる。あるいは、酔っ払って駅のホームにたむろし、広告ポスターの約束する世界の正反対を体現している者も。これが終着点としてのメトロである。地上で暮らせなくなった人々は、誰もが地下へ降りる。そして、一度地下に棲みはじめると昼夜の区別も方向もわからなくなるものだ。明るいのか暗いのか、早いのか遅いのか。日の進み具合はどうでもよく、次第に、アルコールや次の麻薬の一本が最も重要なものになってくる。

RATPに依頼され、地下で活動するソーシャルワーカーは、そういった人々を再び日のあたるところへ連れ出し、普通の社会生活に連れ戻そうとするのだが、なかなか困難であるという。地下へ堕ちる者は多く、最近では低年齢化しており、古典的な路上生活者《クロシャール》はもはや少数となっている。そんな現実に直面しているRATPの清掃・美化作戦は、際限のないシーシュポスの仕事のようである[☆シーシュポスはギリシア神話の登場人物。運び上げてもすぐに転がり落ちてしまう岩を永遠に押し上げる苦役を課せられた]。

だが乗客は、不思議とそれを気にしていないようだ。常に誰かに言い寄られることも、強制的に音楽を聞かされることも、ラッシュアワーの狭い空間で他人にぶつかることも。地上のパリジャンが比較的短気で怒りっぽいところを見せる分、

◉ 14 番線のフランソワ・ミッテラン国立図書館駅。

地下では誰もが忍耐強く、謙虚である。メトロの中のパリジャンは禁欲主義者だ、とアラン・シフルはいっている。なんでも我慢し、マゾヒストさながら。「すごい、こんなことも我慢できる」と喜んでいるようだ、というのだ。

　メトロの乗客は、かなりの初期からストイックな姿勢を身につけていたようだ。一九一一年、フランツ・カフカが「メトロの乗客の不自然な無表情」を指摘している。毎日毎日鉱山に降りていく、炭鉱夫の諦念に似た心情なのだろうか。人ごみではできる限り心にシャッターを下ろし、本でも読むのが一番だろう。座席に座るなり、本に読みふける乗客は多い。メトロは明らかに読書の場なのだ。ホームによっては文庫本の自動販売機があるところもある。本を読んでいれば、隣の人間とぶつかりあいながら座っていることを忘れ、SDFの物乞いを聞き流し、トンネルの闇を忘れることができるのだ。

■メトロ愛好家《メトロフィル》

パリジャンのメトロに対する姿勢は愛憎が入り交じっているといえるだろう。常に利用しなくてはならないことを悔やむ一方で、どこか誇りにさえ思っているようだ。多くの人々は子どもの頃からメトロを使っている。メトロのネットワークは、パリ生活の大きな枠組みとなっている。人類学者のマルク・オジェはいう。

メトロの路線図を、記憶を支えるヒントとして、思い出を喚起するきっかけとして、そして、先人の魂が瞬間的に輝きを放つ懐中鏡として使えるのは、パリジャンの特権である。

オジェは、メトロなしのパリは考えられない、といい、メトロはパリにとって基礎的《ベーシック》な備品である、という。そしてメトロは、イヴ・モンタンやセルジュ・ゲンスブールなどに歌われ、マルセル・カルネの『夜の門』(1964)やフランソワ・トリュフォーの『終電車』(1980)、リュック・ベッソンの『サブウェイ』(1984)など、無数の映画の舞台となった。

ところで、パリのメトロには、映画撮影専用の特別な駅がある。その入口は、ポルト・デ・リラにある。そして、ふだんは閉ざされている灰色の扉の向こうに、「本物の」駅がある。白いタイル張りの、ふたつのホームも、ベンチも、広告ポスターも完備した正真正銘のメトロの駅だ。特徴は、この一九三九年に閉鎖された駅の名前は不特定で、常に変わる、という点だろう。パリ東駅《ガール・ド・レスト》だったり、モンパルナス駅だったり、ピガール駅だったり。パリでメトロの駅が登場する映画の撮影が行われるのは、すべてここである。RATPは、撮影許可には非常に厳しい条件をつけている。ポルノグラフィーも暴力を肯定するような内容もだめ。メトロのイメージを害し、先入観を促進するような内容は、すべて御法度である。

メトロ愛好家《メトロフィル》を熱狂させているのは、一般人の立ち入りが禁止されているこの不思議な映画専用空間のようなものだ。メトロについてのあらゆる専門知識を集めることに熱中している人々は、昔閉鎖されたトンネルや幽霊駅に詳しく、できる限り、電気が消えている夜中にそのような場所に侵入しようとする。アルスナル、クロワ・ルージュ、シャン・ド・マルスといった駅は、第二次世界大戦の勃発と同時に閉鎖され、戦後再び使われることがなかった。今では、地下鉄でこれらの駅を通りすぎるときに、闇の中でぼんやりと浮かびあがるだけだ。マニアの間では、同名の大通りの下にあるサン・マルタン駅を知っているかどうかが問われたりする。ここでは、古い広告がタイルに描かれたままだ。ホームは、線路からは壁でさえぎられているが、それはこの駅が、厳寒の冬にはパリ市の路上生活者《クロシャール》のための宿泊施設として、公式に利用されているからである。

もちろん、こんなタイプの静かなメトロ愛好家もいる。フアン・ゴイティソーロが描写しているような人物だ［☆J・ゴイティソーロ(1931〜)はスペインの小説家。一九五六年よりパリへ亡命している］。

彼はボンヌ・ヌヴェル駅へ降りていって、例えばバラール線［☆八番線］に乗りこむと、席が空いていれば窓際にすわり、一所懸命に外のトンネルの景色をながめる。信じられないような真剣な面持ちで、大真面目に、外の景色は北フランス一美しく、多様性に富んだロマンティックな風景である、と主張する。

だが、誰もがみな平穏とは限らない。毎晩、「箒《バレ》」と呼ばれる終電が出た後で、駅は五時間閉鎖される。それ以後は、清掃サービスのCOMATEC《コマテック》隊が出動するだけではなく、冒険を求める青少年が活動する時間帯でもある。彼らにとって、障壁などないことは、トンネルのとんでもないところに残されている悪戯書《グラフ》きを見ればひとめでわかる。

毎夜、推定千人ほどが、地下鉄の構内に隠れて意図的に閉じこめられている、といわれる。冒険好きの地下探検家、路上生活者《クロシャール》や自動販売機荒らしなど、さまざまな動機をもった人々である。唯一の共通項といえば、パトロールする警備隊にみつからないことを願っている点だろうか。

最後に、メトロ愛好家の中でも特筆すべき一団に触れておこう。一九九二年に創設されたLPGMP《エル・ペ・ジェ・エム・ペ》［☆Ligue de Protection des Grillons du Métro Parisien＝パリ・メトロのコオロギ保護連盟］である。実際、メトロには何万匹ものコオロギが、砂利《バラスト》の間に隠れて鳴いている。地下は昼も夜も、年中暖かく、遠く離れた夏の野原が、この殺伐とした場所へあいさつを送っているようだ。メトロのコオロギについては、フィリップ・ベランジェ＝ルヴェックという昆虫研究家が、研究を発表している。LPGMPは特にコオロギが多い駅を列挙した独自のホームページを開設しており、コオロギの鳴き声のダウンロードを可能にし、コオロギを保護すべくいくつかの「政治的な」要求を提示している。例えば、RATPのストライキ日数の制限。ストライキ中にトンネルの温度がコオロギにとって危険な水準に下がるからだ。そしてメトロの禁煙令を緩和してほしい、とも要求している。パリのメトロのコオロギのえさは、主に乗客が捨てるタバコの吸殻なのだ。

✴第10章　地の底での戦争

パリの地下は、数多くの不安を呼び覚ます。中でも最も執拗なものに、瘴気による窒息と中毒、あるいは地下への墜落といったことに対する個人的不安があるが、そのほかにも、知らぬうちに「悪」が地下で危険な陰謀をたくらみ、結集するのではないか、という社会的不安もある。特に町が危機に直面するたびに、この種の噂が出まわり、平和時には多くの冒険小説の題材となっている。

一九三〇年代、この地下における陰謀という発想が、「ラ・カグル」として現実化し、娯楽小説の世界からついに飛び出すことになった。

この伝説的秘密結社は、一九三六年の選挙で左翼の人民前線《フロン・ポピュレール》［☆反ファシズム、反帝国主義を掲げる、社会党、共産党その他による連携勢力］が勝利したことを機に結成された。社会党レオン・ブルム（1872〜1950）と彼が率いる同盟政府は、保守系市民と極右政党の激しい反感を買い、ヒステリックな反応を引き起こした。ブルムはその血統から反ユダヤ的な罵声を浴び、極右の組織は彼を「背後から撃ち殺さなくてはならない」、「反キリスト教主義者」であり、「精神を病んだユダヤ人」と罵倒したのであった。

■ラ・カグル――人民前線政府打倒を目指した秘密結社

それは、反民主主義的な政治同盟や政党から見れば、人民前線《フロン・ポピュレール》という宿敵が政権を握ったということであった。

そんな状況の下、理工科学校《エコール・ポリテクニーク》出身のウジェーヌ・ドロンクル（1890〜1944）という極右活動家を中心としたひとつのグループが、極右のアクシオン・フランセーズから分離し、CSAR《セ・エス・ア・エール》［☆Comité Secret d'Action Révolutionnaire＝革命運動秘密委員会］という名の秘密結社を結成したのである。「ラ・カグル」とは当初、同組織を揶揄した呼称であったが、最終的にはこの名のほうが歴史に残っている。「cagoule《カグル》」とは、もともとは目の部分だけがあいた、頭全体を覆う頭巾のことである。

あたかも軍隊のように組織され、重武装したこの秘密組織は、きわめて多数の支持者を得て、比較的短期間で加盟者数三千人を超えた。多くの高位の軍人とも密接につながり、国外の極右政党とも接触があった。ムッソリーニ率いるイタリアのファシスト党とは、相互協力関係を結んでいた。イタリアから武器を輸入し、逆にフランスでイタリアの知識階級を暗殺する、といったサービスも提供していた。

ドロンクルの部隊は、人民前線を敵視するミシュランやルノーといった企業家の支援を得ていたため、資金に困ることはなかった。銀行の多くも、反共産主義の戦いには好意的であった。

秘密結社の目標は、クーデターにより共和国を倒し、軍事独裁を成立させることで、具体的には、パリの地下を利用する計画が立てられた。陰謀の主導者は、地下について詳しい情報を収集していた。彼らは、機関銃その他の連射可能な銃器をそろえ、手榴弾、ピストルなども大量に地下に隠していた。地下における部隊の行動も、執拗に訓練されたものだった。地下の壁には、三角形、矩形、文字などによってしるしのつけられた道路網が構築された。

ドロンクルがクーデターの密令を下す「Xデー」には、戦闘部隊が、地下から各省庁をはじめとして、上院、下院、エリゼ宮などの重要な政府機関に近づき、地下の入口から侵入し、占拠することになっていた。また、政府の要人の邸宅についても同様に作戦を進め、彼らを即座に抹殺するか、身柄を確保する計画だった。

◉1940年、パリはドイツ軍に占領された。指令本部はクレベール大通りのホテル・マジェスティックに置かれた。

◉1937年、ラ・カグルによる爆弾テロによって破壊されたCGPF（フランス生産総同盟）の建物。

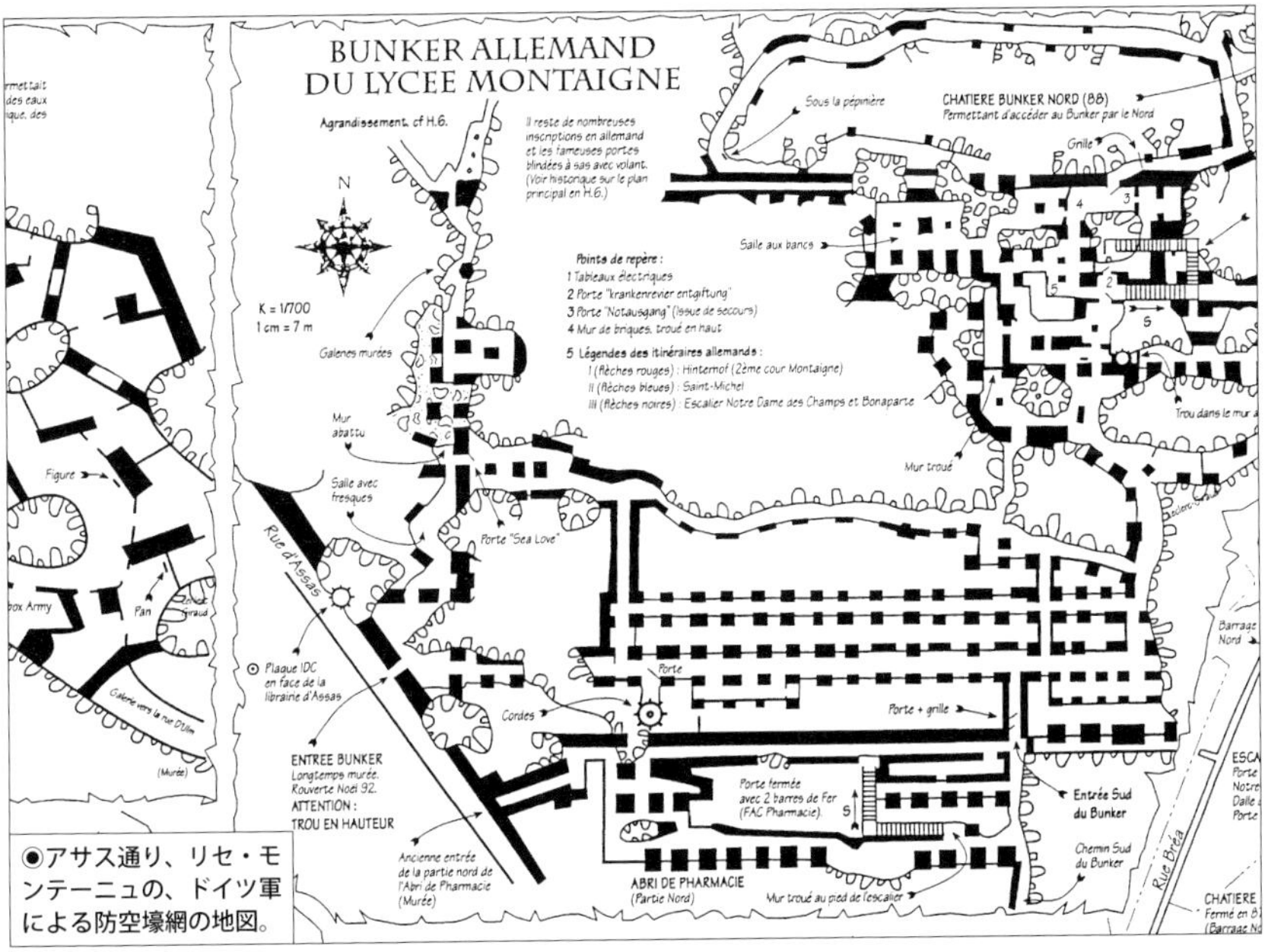

◉アサス通り、リセ・モンテーニュの、ドイツ軍による防空壕網の地図。

秘密結社の指導者たちは、成功するためには、軍隊が即座に政権につくことが必須であると考えた。そこでラ・カグルは軍部の支援を保持するため、一九三七年九月十一日に、産業連盟と金属業界連盟の建物に爆弾テロをしかけ、共産党にクーデターの企みの濡れ衣を着せようとした。だが、この試みは失敗し、軍隊を動かすことはできなかった。ドロンクルは、寸前になって活動を中止し、指導者は国外に逃亡、残りは逮捕された。この陰謀が発覚した後、上院のジュール・ジャンネイ議長は、元・元老院であったリュクサンブール宮殿の地下にある採石場《カリエール》への入口を、鉄扉と警報器によって強化することにした。

引き続き行われたラ・カグルの裁判は、非常に長引き、判決が下される前に、第二次世界大戦が勃発した。

一九四〇年から一九四四年のヴィシー政権下では、ラ・カグルの要人のうちの何人かが、政府に参加することになった［☆「ヴィシー政権」は戦中のフランスの政治体制。占領されたパリに代えて、首都を中部の都市ヴィシーに置いた］。

一九四一年、ウジェーヌ・ドロンクルは、ドイツ軍の制服に身を包み、東欧前線で戦うＬＶＦ《エル・ヴェ・エフ》［☆Légion des Volontaires Français contre le Bolchevism＝反ボルシェヴィスム・フランス義勇兵団］を創設した。

一九四八年には、再度ラ・カグルに対する裁判が行われ、今度は多くの重刑が下されたものの、多くの被告はすでに国外に逃亡していた。ラ・カグルの指導者は、化粧品大手ロレアル社の国外支店に逃げこむことができた。ロレアルの創設者ウジェーヌ・シュレール自身、ラ・カグルの思想を広めたひとりであり、ラ・カグルの集会の多くが、ロワイヤル通りのロレアル本社ビルで開かれていたからだ。

■パリのドイツ人——占領下での防空壕建設

ドイツ占領軍はパリに落ち着くなり、町の地下を徹底的に調査した。一九四〇年には、地下の地図を提出させ、地下防空壕などを造営する特務組織「トート機関」が、地下の改造に着手した［☆ナチス軍需大臣フリッツ・トート（1891～1942）に主導された「トート機関」は、占領地の軍事設備の設営を強制労働により行った］。

戦略的に重要な建物は、外からは分からない形で、頑丈な砦に改築された。クレベール大通りのホテル・マジェスティックの地下はパリの軍事最高司令部の拠点となり、シャンゼリゼのホテル・アストリア、エトワール広場のドイツ系施設、ラ・ペルーズ通りの地下の電話施設は、どれもコンクリート造りのトンネル網によって結ばれた。

メトロもドイツ軍にとっては便利なものであった。なぜならば、ひとつには情報開示の場として非常に効率的だったの

◉ 1944 年の空襲後のサン・トゥアンの列車修理工場。

である。ドイツ軍の触れ書きは、メトロの駅に張り出されることが多かった。燃料不足のため、ほとんどのパリジャンはバスや自動車が使えず、メトロを利用することを強いられたが、彼らはそこで、占領軍や占領行政から発布される情報を得ることになった。

メトロには、空襲から身を守る、という活用法もあった。多くの駅は、即座にドイツ軍の防空壕に指定された。他よりも深いところにあるビュット・ショーモン駅は、パリ北部のドイツ軍司令部用に指定された。フェット広場駅、ボザリ駅は飛行機の代替部品製造工場として利用された。また、飛行機そのものは、郊外にあるムドンの採石場《カリエール》の中で組み立てられることになった。

◉連合軍による空襲が激化したため、ドイツ占領軍は1944年の春、シャトレ＝ポルト・デ・リラ線を差し押さえ、工場などをそこに移転した。

連合軍による最初の空襲は、一九四二年の三月四日に実施された。攻撃目標は、パリ郊外ビヤンクールにあるルノーの工場施設であったが、パリ市内にも爆弾は落ち、三百五十人が死亡、五百人が負傷、八十九の建物が破壊された。一年後の四月四日の空襲も、似たような経過をたどった。標的はルノーであったが、オートイユとモンパルナスにも累はおよんだ。死者の数は三百八十人。空襲警報の頻度が増し（占領中は合計四百三回）、パリジャンは、「避難所」に指定された地下鉄駅に逃げこんだ。最も多くの人々が避難したのは、一九四四年四月二十六日の空襲のときで、RATP《エール・アー・テ・ペ》の記録によると、一万四千六百四十八人のドイツ人を含め、合計四十七万五千八百六十三人の人々が地下鉄駅に避難した、という。

またそのほかにも、市民保護のために改造された、例えば軍事病院ヴァル・ド・グラース、あるいはムフタール地区のロモン通り地下にある古い採石場跡にも、人々は逃げこんだ。病院の職員のためには、サン・タンヌ病院とコシャン病院の奥深くにある、十四区の旧採石場跡が準備された。

一九四四年に空爆が激しくなってくると、占領軍はメトロ十一番線「シャトレ＝ポルト・デ・リラ線」を没収し、駅構内に工場、修理工場や手術室を設置した。

占領軍は、特に地下の採石場に強い関心を抱いていた。パリのシロアリの巣のような構造は、地下に防空壕をつくって、篭城したいと考える彼らの要望とぴったりと符合したのだ。

ドイツ防空壕建築の非常に珍しい例が、ドイツ空軍に徴収されたリセ・モンテーニュの地下にある。十三世紀から十五世紀の間に造られた坑道は、一九四一年から多くの人々が地下で生活できるような広大な建造物に変身したのだ。鉄扉があり、簡易トイレがあり、独立した電力網があり、石造りの廊下が、三つの出口につながっていた。

今日モンテーニュの防空壕の侵入に成功した者は、不気味に朽ちかけ、それでもなおほぼ完全に残されている、多数の部屋が込み入った迷路に踏みこむことになる。電話設備の残骸、腐蝕しかけたケーブルが混乱している電気設備、いくつかのさびついたトイレなどが見られる。三ヶ所の出口を示す古い標識はいまだに鮮明である。「Hinterhof《ヒンターホフ》（裏庭）」、「S.《サン・》 Michel《ミシェル》」、「N. Dame-Bonaparte《ノートルダム・ボナパルト》」。

さびついた鉄扉には、「Krankenrevier = Entgifung《クランケンレヴィール＝エントギフトゥング》（医務室＝解毒）」とある。「Rauchen《ラウヘン・》 verboten《フェルボーテン》（禁煙）」、「Ruhe《ルーヘ》（静粛に）」といったせりふも、きっちりと型紙を使ってペンキで壁に書かれている。もちろん、最近の落書きも多数ある。「Le Bunker《ル・ブンクール》（防空壕）」は、地下探検家の人気スポットとなっている。

さらにもうひとつの溜まり場が、フュイアンティーヌ通りの下にある。これも、古い採石場跡に造られた防空壕網だ。一九三八年から建設が開始され、最初のうちは、地上の学校の生徒たちの避難場所となる予定だった。だが、一九四一年八月二十七日に、ピエール・ラヴァル首相（1833~1945）が襲撃されてからは、ドイツの最も重要な共謀者であった彼を守るために、地下二十メートルの場所に、居心地のよい、長

◉ 1941 年のパリ。ドイツ語の標識が乱立している。

◉リセ・モンテーニュの地下にあるドイツ軍防空壕施設の現在の様子（前頁上も同）。1940年にドイツ軍の指令本部の一部がここに設置された。

期滞在をも可能にするような施設を建設することになった。

岩には新しいトンネルを掘って、大きな部屋がいくつも連なるスイートが造られた。最新の技術を駆使し、完璧なオフィス、休憩室、バスルーム、放送局、医務室なども完備していた。壁にはアスベストで防火処理が施され、近代的な空調システムと、廃水処理システムが設置された。こうしてパリ一豪華で完璧な地下壕が完成したのだ。だが、この施設は誰に使われることもなかった。一九四四年八月に出来上がったこの防空壕には、ラヴァルの妻が軍人を率いて、一度だけ工事の進み具合を監督しにきただけだ。パリ解放も間近い時期だったので、マダム・ラヴァルは地下の豪邸の内装に着手するにはいたらなかった。そちらに引っ越す前にラヴァル夫妻は急遽シグマリンゲンに政府とともに亡命せざるを得なかったからだ。

直後、この施設は略奪にあい、破壊された。残っているのは壁のタイルと、いろいろな管や、壁によって仕切られた、スプレーアーティストが想像力の限りをつくして飾りつけた、いくつかの空っぽの大きな部屋ばかりである。

◉パリの地下にあるドイツ語の標識。ルートが塗り分けられている。

■レジスタンス――地下からの抵抗

戦時下、レジスタンス運動が、パリの地下のあらゆる可能性を利用しようと考えたのも当然である。レジスタンスは、秘密の集会所、安全な避難所、防空壕などを必要としていた。――武器庫として使える空間、印刷機械を設置できる空間。一九四〇年には、シャイヨー宮の中の人類学博物館《ミュゼ・ド・ロム》の館員が、「レゾー・デュ・ミュゼ・ド・ロム」という名称のレジスタンスグループを組成して、一九〇〇年の万博以来いくつかの部屋が残されていたトロカデロの採石場跡で集会を開きはじめた。

次第に、個別のレジスタンス運動の組織化が進み、ネットワーク化がはじまると、それぞれの役割によって、機能的に地下を利用するようになった。メトロの社員や下水道《エグ》の工事関係者の間に多くのレジスタンス活動家や支援者がいたことも、大きな助けになった。最初の司令室は、モー通りの下の下水道労働者《エグティエ》の更衣室の中に開設され、次には、下水道のいろいろな部分に展開されていった。下水道関係者は、武器の購入にも力を貸した。多くの個人が当時憲兵による検問を恐れ、手持ちのピストルを下水溝に捨てる場合があったのだ。下水道労働者は、それらをみつけると、即座に「多少はさびつき、そして多少は良好な状態の」武器を届けてくれた、とパリのレジスタンスの主導者、ロル＝タンギ［☆アンリ・ロル＝タンギ（1908〜2002）］は回想する。

パリ解放計画では、下水道をどのように役立てるか、といったことも検討された。一九四四年七月十二日のＦＦＩ《エフ・エフ・イ》［☆Forces Françaises de l'Intérieur＝フランス国内兵］指導者会議の議事録にはこうある。

市当局の情報によると、地下のドイツ軍司令室に近い下水道トンネル（海軍省、マルゼルブ駅＝ラ・ボエシー駅＝ガブリエル駅のトライアングル、ホテル・マジェスティック、オペラ座、ポルト・ドフィン）を浸水させることが可能である、という。下水道と、それに続く地下室が満水状態となれば、占領軍は地下道経由で別の拠点へ移動することができなくなるため、地上に姿を現さざるを得ないだろう。

しかしドイツ軍が汚水に浸されて穴を追われるにはいたらなかった。満水計画は、「解放《リヴェラシオン》」の局面では実現されなかったからだ。それでも、地下はパリ解放で大きな役割を果たした。

蜂起は、一九四四年八月十九日、パリ地域のＦＦＩ部隊を指揮していたアンリ・ロル＝タンギによって宣言された。ヴィシー政権の指名手配書は、彼をこのように描写している。

（ロル＝タンギは）危険な共産党の活動家である。元国際旅団《ブリガド・アンテルナシオナル》の政治委員であり、現在は中央的テロ組織の指導者のひとりである。

この時点でパリに蜂起を起こすことは、レジスタンス指導部の意志に反することで、特にＦＦＩを指揮するロンドンのケーニグ将軍［☆マリー＝ピエール・ケーニグ（1898〜1970）］の指示に真っ向から対抗するものだった。「私の命令なしに蜂起はするな！」と彼はいっていたのだ。――「拙速な行動はとるな。ゲリラ活動を引きとめよ！」

連合軍は、パリ解放を優先課題とみなしておらず、ド・ゴール［☆シャルル・ド・ゴール（1890〜1970）。解放軍の将軍。戦後、第四共和政首相から第五共和政大統領となった］も後年、できる限り正規の軍隊が侵入する寸前に、象徴的な蜂起を

◉防空壕の簡易トイレ。

◉モンテーニュ防空壕の入口のひとつ。

支持して奪還を実現しようと考えていた、と述べている。パリが主体的に蜂起する、ということは、かつてのパリのバリケードを思わせ、共産党の過剰な強力化に対する懸念を喚起した。ロル＝タンギもほぼ同様に考えていたが、彼の思考はもちろん逆の方向へ流れていた。ロル＝タンギは後日満足げに書いている。

一九四四年八月のパリ蜂起では、歴史の底辺から、永遠なるパリの反乱者が立ち上がったのだ。やっと、久しぶりに、パリらしい本格的な蜂起が実現した。パリは解放されるのではなく、自らを解放するのだ。

――FFIの武装は非常に貧弱であった。もし、ホルティッツ将軍［☆ディートリヒ・フォン・ホルティッツ（1894〜1966）］が本腰を入れられたなら、ヒトラーの命令に従ってこの反乱を鎮圧し、パリを破壊することもできただろう。だが、パリ市民の先走った行動が功を奏し、連合軍は予定よりも早くパリ救済に出向くことになったのである。それでも、ルクレール将軍［☆フィリップ・ルクレール（1902〜1947）］の第二機甲師団がパリに到着するまで、レジスタンスの各グループは、ドイツ軍をそれなりに痛めつけることに成功していた。

司令部の所在地を決定するときに、ロル＝タンギ大佐は、即座に地下の戦略的な可能性を考えた。パリ市の首席技師で下水道公社の長でもあったタヴェは、古い採石場《カリエール》跡の中に建設されたダンフェール・ロシュロー広場の防空壕を使ってはどうか、と一九三八年に提案した。この設備は、この地区の地下に広がる採石場の坑道網とつながっていたため、非常に便利だった。そこには、敵方が把握しきれないほど多くの出入口があったのだ。さらに下水道機構およびメトロは避難道として使える。市役所職員の避難場所として建設されたこの防空壕は、発電所も、寝室、水まわりの設備などもそろって

◉ドイツの防空壕施設のすぐそばで、レジスタンスが活発な地下活動を繰り広げていた。

いた。八月二十日に、ここに本部をおいたロル＝タンギは、回想している。

ダンフェール・ロシュローの本部には、モンルージュのネッシ社によって換気やその他の設備が設置された。これは、すべての扉を閉めても、ディーゼルエンジンによって中の空気が入れ替えられる仕組みで、もしモーターが止まってしまっても、自転車を代替することで換気が可能になる。ネッシ・モンルージュは、私が一九三六年に労働者として働いていた会社だ。

さらに便利だったのは、ドイツ軍が盗聴できない、パリ市および郊外の二百五十ヶ所が結ばれている独立した市役所の電話システムがあった点だ。

ベルフォールの緑色のライオンの下にこのような市営防空壕が存在することは、ドイツ側のパリ大総司令部でも知られていたが、彼らによる統制は、ロル＝タンギの部下であるフランス人警備員に毎日同じ時間に電話をかけ、そのたびに、担当のドイツ人大尉が「R《エール》・A《ア》・S《エス》（Rien à signaler——特別に報告することなし）」という報告を受けとるだけ、という低次元なものだった。そうしている間にロル＝タンギは、地下二十六メートルの防空壕の中からパリ蜂起を指揮、彼の妻を含めた部下たちは、ビラを印刷し、地下で配送し、地上の壁に貼り付けていた。街頭で激しい戦闘が繰り広げられている間、地下の採石場の迷路でレジスタンスの人々と占領軍が遭遇することはなかった。ドイツ軍は、地下を探検したり、パトロールすることはせず、常に自分たちの造った防空壕網の中でのみ行動していたのだ。自分たちの総司令部の目と鼻の先で、レジスタンスが活動していることには気づかなかったのである。

◉アンリ・ロル＝タンギ（中央）。地下からパリのレジスタンスを指揮していた。

◉「ペンキまみれ」——1989 年のカタフィルのパーティー。

◉地下世界探検の小休止。

◉次頁：5区、ヴァル・ド・グラース修道院の下の「迷路」と呼ばれている区域。

◉静けさの中でのひととき。暖かい紅茶で暖を取る。

◉地下に持ちこまれたガーデンチェア。

◉上：ドイツ軍が遺した防空壕。最近では壁がグラフィティアーティストの作品で覆いつくされている

KAKAL
HX3

◉地下の採石場での滞在は公式に禁止されている。警察の部局が定期的にパトロールし、侵入者の身元を確認する。「常習者」には高額の罰金が課せられる。

✷第11章　ふたたび、カタフィルたち

■密かな、お楽しみ

戦後、パリの地下はしばらく平穏にまどろんでいた。ルネ・シュテル（1912～1981）——ドイツ占領時代の医学生の頃、友達と一緒に地下でドイツの防空壕に近づいて以来、地下に関心を抱き続け、後に精神科医になった——のような何人かの数少ない探険家がいないこともなかったが。シュテルは戦後、都市洞穴探検家としての情熱を再発見し、後に非常に有名になった専門書［☆『パリのカタコンブと採石場』］を書いている。

もうひとり、戦後かなり早くから地下の洞穴に魅せられていたのは、趣味で歴史研究を行っていたアラン・クレマンだ。五〇年代の少年時には、冒険や秘密を求めて地下を徘徊し、成人してからはシュテル博士と同じように、地下をまじめに研究して、SEDHACS《セダックス》［☆Société d'études historiques des anciennes carrières souterraines＝地下旧採石場歴史研究会］を発足させた。当時、パリの地下を探検しようという者は、ごくわずかだった。そして「洞穴好き」も、自分の趣味について、ことさら喧伝することはなかった。もちろんそれでも、ときどき周囲に気づかれることはあったが。

レオ・マレ（1906～1996）の一九五五年に発表された地下推理小説『二十日鼠山《モンスリ》のドブネズミ』では、日曜洞穴探検家が、ヴィクトル・バシュ広場のマンホールのふたを下から押し上げ、呆然とする警察官の前に、姿を現すという場面がある。

戦後になってから再開されたのが、高等鉱業学校《エコール・デ・ミヌ》の「ビズュタージュ」という新入生の受け入れ儀式だ。この学校は、卒業生が高級官僚や石油大手ELF《エルフ》の役員などになるという

◉地下への降下。古い伝統にしたがった高等鉱業学校のビズュタージュ（新入生の受け入れ儀式）。1923年の絵。

エリート校である［☆正確には、ELFは元国策企業の名称で、現在は併合先の仏石油メジャーTOTAL（トタル）の一ブランドとなっている］。ビズュタージュは毎年十二月四日、鉱山の守護聖人聖バルバラの縁日に実施される。新入生はいくつかのテストに合格しなくてはならない。地下迷路の中で障害物競走をやり、狭い穴をくぐったり、有名な映画、テレビあるいは舞台女優が引き受けてくれる「名付け親」の質問に答えなくてならない。最後に、「洗礼」と称して、悪魔のような装束をまとった先輩に、冷たい井戸の中に頭を突っこまれるのだ。明るいエリートコースが待っているのだから、これくらいのことは誰もが我慢して乗り越える。また、同校の地下の一部分は採石場監督局の管轄下にあるが、一九四五年以降、そこには、ギャルリ・デ・プロモシオンと呼ばれる、各年度につきひとりの、有名な卒業生の大きな肖像画が描かれるようになった［☆「galerie」には「美術収集品」の他に「地下道」という意味がある。また、「promotion」は「同期生」という意味］。

他の学校でも、早くから独自の入口を通って、地下の採石場《カリエール》へ降りていく習慣があった。地下での活動は、いわゆる「校風」のひとつだった。粗野な気質で有名だったのは、医学部の学生である。病院ベッドの残骸がみつかっている、ヴァル・ド・グラースの軍事病院やサン・タンヌ病院などの地下で、派手な乱痴気騒ぎを開く、という評判だった。

◉カタコンブは、高等鉱業学校の格好の実験室だった。1873年、地下の鉱山労働に関する数々の実験。

◉高等鉱業学校のビズュタージュの後に証明書が渡される。

◉ビズュタージュに使われる、数百個もの頭蓋骨に囲まれたサマリア人の泉。

アラン・クレマンは、若いスノッブたちが年に二、三回催すパーティーの話に触れている。

例えば、市長の息子が仲間たちと採石場の中で夜会《ソワレ》を開いた一件があったが、これは騒ぎになった。なにしろ、突然バスいっぱいの人々がノートルダム・デ・シャン通りに現れたのだ。総勢五十人ほどで、かかとの細いハイヒールをはいた女の子などが、立坑《ピュイ》をつたって地下へ降りていった。これが騒々しく、近所の人々が驚いて警察を呼んだ。警察は出動して、このパーティーを中止させたが、主催者が市長の息子ということもあって、訴訟にはいたらなかった。

■地下世界のワイルドパーティー

このような活動はすべて地域的に限られたもので、後の八〇年代の様子に比べれば、まったくかわいいものだった。だが、一九八〇年代に入ると、地下の採石場《カリエール》が、アドベンチャーパークや自宅の地下室にあるパーティー用の部屋のような使い方をされて、若者たちの間で流行しはじめた。こうして大勢が、急に地下へと出かけるようになったのだ。

マスコミはこの新しい流行現象を詳しく報道し、それに興

◉ 19 世紀末の地下での宴会。

◉次頁：石灰岩採石場の大きな講堂にも、昔から多くの愛好家が集まり、秘密のパーティーを開いている。1893 年の素描。

◉ビズュタージュの証明書。

味をそそられた来訪者はさらに増えていった。雑誌やタブロイド紙は、みなこぞってパリの地下について報道した。……洞穴マニア、カタコンブの中の野蛮人、パリの心臓部に危険なセクト、黄泉の国への禁じられた侵入、悪魔のように暗い夜、カタコンブの中のマニア、地下五十メートルに世界一大きな娼館がある……これでは人々が集まるのも当然だ。ドイツの大衆雑誌「シュテルン」も「さあ、パリの地下に行こう」と題した記事を載せ、地下にはパーティーにもってこいの墓《はか》穴《あな》があり、空気は石灰岩のにおいがし、ときどきハシシュのにおいもまじっている。と書きたてた。マスコミが好んで取り上げたのは、セックス、ドラッグ、禁じられた儀式。――「地下では、罪深いことが行われているに決まっている！」

一番派手な報道をしたのは、フランスの民放TF1《テ・エフ・アン》の『ルポルタージュ』という番組で、その回のタイトルは「パリの地下の奇怪な生態系」だった。そこには、ネオナチ・グループや、大騒ぎの宴を開く泥まみれの男女、そして窃盗団やらKKK（キュークラックスクラン）が登場した。だが後日、風刺新聞の「ル・カナール・アンシェネ」がすっぱ抜いたところによると、このテレビの「ホラーショー」は、完全なやらせだった。出演はすべて雇われ俳優で、郊外のムドンの採石

◉ビュット・ショーモンの石膏坑道は、趣向の変わったパーティーやひそかな酒宴の人気スポットだった。19世紀末の絵。

場跡で撮影されたという代物だったのである。

当時地下で実際に起きていたことは、しごくおとなしいものだった。一時は、パリの最も深い地下にもかなりの数の人々が歩きまわっていたが、たいていは学生その他の若者たちが地下にほのかな不良文化の香りを漂わせているだけだった。とはいえ、わずか数年内に、地下の壁はスプレーアートによるあらゆる色や模様でいっぱいになった。

自分の存在の証を残そうという本能は、石室の壁の多くがすっかりカラフルに塗りつぶされている、という状態につながっている。私の「地下友達」ジル・トマによると、ふたつの要素がパリの採石場跡を現在の状態にした、という。それは、コピー機とスプレーペンキの普及である。コピーが簡単になってからは、採石場監督局に高額な手数料を支払ってはじめて手に入れられる精確な地図が簡単に複写できるようになり、多数の地下ツーリストに配布されるようになった。そして、その大半が、リュックの中にカラースプレーをしのばせていた、というわけだ。

あっという間に、自分たちを「ラット」だの「ピッグ」だのと名乗るさまざまなギャングが、自分たちの縄張りにマークをつけてまわったのだ。そして、コミック、サイエンスフィクション、ヘヴィメタルなどに影響されている現代不良文化に独特の美的感覚に則って、足跡を残していった。
たいていの場合は、岩壁や柱に稚拙なしるしを残していくだけだったが、人によっては、大きな壁に、古典的な有名絵画の模写を描いている。北斎の大波も、ピカソの『ゲルニカ』もある。いつの間にか、巨大な通路網《グラン・レゾー》の迷路の中での待ち合わせ場所や溜まり場となっているホールは、それぞれ独特の内装を施されるようになった。特にヴァル・ド・グラースの地下の「サルZ（Zの広間）」では、大きなパーティーが開催された。この広大な、石造りの壁によって補強された、壁画に覆いつくされた部屋は、いうなれば地下のディスコとして、毎週土曜日のイベントスペースとなっていた。最盛期には、このようなパーティーに二百人以上もの訪問者が集まった。そしてこのパーティーは、特にパリの上層階級の子弟に人気があった。汚れた暗い地下で、自らの退廃的な状態とシャンパンに酔いながら、ツィードジャケットやシルクのブラウスを着た坊ちゃん嬢ちゃんが踊っていたのである。

◉採石場の一部には1980年代まで使用されたPPTの電話回線が敷設されている。何度か盗難や器物損壊（ヴァンダリスム）の被害に遭った。

もちろん、もっと荒っぽいパーティーもあった。パンクロッカーは、やかましく油臭い発電機と一緒に、自前のアンプを地下に持ちこんで大騒ぎをする。中には「ギャルソン・ブシェ」のように、後に地上でも有名になったパンクグループもいた。また、サン・タンヌ病院の地下も非常に人気があった。精神病院の下での馬鹿騒ぎ！——人々の妄想に火がついた。黒ミサや、モンスリ公園の下のゲイパーティーの噂……後者の場合は、大量のコンドームがみつかった、ということだった。地下での酒池肉林。なんとなくありそうで、実はあまりなかった話である。

■ジャック・シラク市長、介入する

週末の訪問者が増えるに従い、地下ではごみ問題が深刻になってきた。空き瓶、空き缶、食べ物のかす。これまでは、えさがなかったためにいなかったドブネズミが、採石場《カリエール》にまで現れるようになった。もうひとつの懸念事項は、器物損壊《ヴァンダリスム》の増加であった。乱暴な訪問者が、家に持ち帰ったり、ノミの市で売ったりする目的で、通りの名前が刻まれた標識を壁から強引にとりはずしたり、あるいは単純な破壊欲から古い刻印にスプレーをかけたり、消したりしはじめた。

当時の地下ブームに、ついに行政が行動を起こした。一九八四年三月二日、当時パリ市長であったジャック・シラクが、市役所《オテル・ド・ヴィル》で記者会見を開き、これらの活動を阻止しなくてはならない、と宣言した［☆シラク（1932～）は第五共和政首相（1974～1976）の後、市長となり（1977～1995）、再度の首相（1986～1988）と大統領（1995～2007）を歴任した］。「こんなに多くの人々が採石場で徘徊していることは、大いに気がかりだ」――彼は額にしわを寄せていった。

もちろん、一部の人々は非常にまじめで、真に科学的ともいえる関心を抱いて地下に降りていく。だが、多くは深い考えもなく、ただ騒ぎを起こすことだけが目的のようだ。ある日、誰かの頭に石があたる。あるいは、劣悪な採石場の換気状態にもかかわらず、大人数が、音楽を聞くため、あるいは照明のために、あらゆる機材を持ちこんだ揚げ句に、窒息してしまう。そんなこともありうるのだ。もちろん、採石場に入るには、必ず電灯を持参しなければならない。地下には照明もなく、迷ってしまう危険があるからだ。その上、地面は穴だらけだ。とにかく地下は、興味本位で入っていける場所ではない。

シラク氏はタバコに火をつけ（当時は公衆の面前での喫煙もタブーではなかった）、深く吸いこんで、リラックスした様子で続けた。

パリの地下の歴史的遺産に人々が関心を抱くことは、よく理解できる。そのために、カタコンブに近接した採石場の一部を、博物館として公開したい。清潔で、安全で、しっかりとした照明設備が施され、訪問者用に整備されたルートと、ガイドによる説明があるスペースを設置する。

彼はそれから、再び声に厳しさを添え、「同時に、採石場への入口を厳重に規制し、望ましくない訪問者をできる限り寄

◉ 14区の下にある浸水した坑道網。ここまで入るのは、経験のあるカタフィルのみ。

せつけないようにしたい」と述べた。要するに、知られている入口の大半をふさいで利用不可能な状態にし、残りの入口は警備させる、ということだった。博物館とは、いかにも氏がいいそうなアイデアで、というのもパリ市長としての彼の理想は、スイスなのであった。しみひとつない、清潔で整備された世界。もちろん、それはそれでよいのだが、地下の闇の中へ出かけていく人々が、そんな博物館に満足するはずはない。プロジェクトはうやむやのうちに立ち消えてしまった。

だが、入口を溶接したり、コンクリートの壁で封じる方法は功を奏した。ちょうどその頃サン・ミシェル大通りの下で起きた事件も、そういった努力に拍車をかけたに違いない。

パリ市南部には、昔から採石場跡の坑道に、PPT《ペ・ペ・テ》［☆Postes, Télégraphes et Téléphones＝郵便電信電話］の電話回線が設置されていた。この電話回線は、人が入らないと思われていたパリの地下深くの壁に、簡単な金具で留められており、何キロもの距離にわたってはりめぐらされていた。現在では、このような鉛や銅線は使われていないが、一九八〇年代はまだその一部が使用されていて、もちろんサン・ミシェル大通りの下も通っていたのである。

そして、その事実は、一九八七年に、地区全体の電話が使えなくなってはじめて一般に知れ渡ることになった。当時、病院、省庁、上院を含めて何万人もの個人や施設がこの断線《ブラックアウト》の被害を受けた。テロかサボタージュか、と一瞬誰もが戦慄したものの、原因は、地下で火遊びをしていた不良少年によって引き起こされたケーブル火事だった。郵政大臣は、じきじきにセーヌ左岸《リヴ・ゴーシュ》の地下に出向き、被害を視察。工事団は、二週間にわたり、二十四時間体制でシフト交代をしながら、破壊された回線の修復にあたらなくてはならなかった。以来、ＰＰＴの設備が置かれている採石場の坑道は、コンクリートの壁によって他の部分から分離され、それ以外の部分への侵入防止措置も積極的に進められることになった。

　パーティーがはやらなくなったことも一因としてはあったかもしれないが、地下に入ることが難しくなったことは、明らかに訪問者数の減少につながった。採石場への入口となる立坑《ピュイ》は二百十六ヶ所、階段は四十五ヶ所あったが、今ではほとんど残っていない。立坑の閉鎖によって、無認可の地下への遠足は、難しく、面倒になったのだ。

■カタフィルたちについて知っている二、三の事柄

それでも、本当の「洞穴好き」はそう簡単にあきらめるものではない。難しくなればなるほど、挑戦したくなる者もいる。

◉本頁〜次頁：地下に配布されるカタフィルのビラ、「トラクト」。パーティーの日程や、警察のパトロールの有無などについての情報が交換される。

誰もがみな、どういった動機で降りていくのだろうか。どんなところに魅力を感じているのだろうか。簡単な答えはない。カタフィル（地下愛好家）たちは、様々な動機を抱えた、非常に多様性に富んだ人種なのだ。「私は、歴史家のなりそこないです」というのは、ジル・トマだ。彼は、はじめのうちの単純な好奇心が、次第に膨大な専門知識につながった好例だ。ジルは採石場《カリエール》の歴史の「生き字引」であり、タクシーの運転手が地上に詳しいのと同じように、地下の細かく枝分かれした迷路をよく知っており、主なルートや脇道にも詳しい。そして彼は、自分の役目は採石場を守り、保全することだ、と考えている。私が洞穴の入口で壁によりかかろうとしたら、「壁に寄りかからないで。壁画がこすれてしまう危険があるから」と注意してくれた。

本当に、地下には昔の採石場の労働者《カリエ》たちが、あの時代、この革命、あの歴史的事件のたびにチョークで描き残していった落書きがたくさんある。ギロチンや兵隊、人民軍。フリジア帽をかぶったマリアンヌ［☆赤い三角帽（フリジア帽）をかぶった女性は、大革命以来、フランスの象徴とされている。「マリアンヌ」はその愛称］の横には「La République ou la mort《ラ・リピュブリク・ウ・ラ・モール》（共和政を、もしくは死を）」と書かれていたりする。百年、いや二百年も前に、左官や井戸掘り職人が、仕事の合間に描き残していったもの

である。それが、今でも、まるで昨日書いたばかりの状態で、鮮明に残っているのだ。ジルのような「番人」は、このような歴史の跡を、個人的に、責任をもって守っていかなくてはならない大切な資産とみなしている。

◉採石場への入口となる立坑をふさぐふたは、近年溶接され、封じられた。未封のものは、定期的に点検される。

ベテラン、アラン・クレマンも、そういった歴史的遺産の保護者のひとりである。八〇年代に、「地下観光」が流行り、スプレーペンキ世代の侵入が増えた頃、彼と彼が創設した団体（SEDHACS〔セダックス〕）は、パリ南部の大地下網《グラン・レゾー・シュッド》の一部を全体から切り離し、悪戯書きから守ることに成功した。蔓延する器物損壊《ヴァンダリスム》を見てわれわれは思ったのです。これは、私たちの貴重な財産ではないのか。守らなくてはならないものだ、と。それで、少なくとも過去数百年の人々が残してくれたものの一部は、破壊されずに、未来の世代が彼らの労働の軌跡をありのままの形で見られるようになったのです。

このプロジェクトは、コシャン病院の下にある、カピュサン修道会の採石場で実現された。過去の地下建築技術を見学するのであれば、ここは最も代表的な場所とされている。公の博物館ではないが、「地下《スーテラン》」の文化遺産を守るべく、懸命に活動する人々によって救われた一角である。

日曜歴史家や、自称ガードマンの集団のほかに、アクションスポーツタイプのカタフィルも多数いる。彼らは、簡単に行けるようなアトラクションに興味はなく、人にあまり知られていない迷路とか、水浸しになった坑道に侵入したり、泳いだり、小さな猫の穴《シャティエール》をくぐったりする。このような人々に人気があるのは、水浸しで、しかも立って歩くこともできないほど低い坑道を通っていかなくてはならないモンルージュの納骨堂《オシュエール》だ。これは墓地の下に、大量の人骨の山がある場所だが、「通《つう》」の間では、「スープの素《ヴィヤンドクス》」〔★コンソメキューブの商品名。地下に置かれた骨を揶揄している〕と呼ばれている。あるいは、その昔の密輸人のように、新たなトンネルを掘る者もいる。彼らは何ヶ月もかけて、夜な夜な地下の石壁に穴をあけ、かつて閉鎖された坑道へ到達しようとする。それは、自身の能力を誇示できる場面が限りなくある迷路なのである。もっとも、迷路全体を知ることは、誰にもできないだろう。

また、地下を大きな遊園地と思っているカタフィルもいる。彼らは、「失われた宝を探す者」、あるいは「ソドムとゴモラ」といったモチーフを、コミックやビデオなどから借りてきて、冒険ごっこをしている。——香木をたいてムードを出したり、ジョイントをすったり、ドライアイスで雰囲気を演出したり。

あるいは単純に、地下に入ること自体に興奮している者もいる。なにか行動を起こしたり、突飛なことをしでかしたりするのではなく、なにもないところにいる、という感覚に酔うわけだ。普通なら狭くて怖いと思うような場所で、母なる大地の中で胎児のように守られている、という気分に浸っている。「地下に入ると落ち着くんだ。ストレスもなければ、なにかに縛られることもないでしょ」——彼らは、大都市の喧騒、匿名性、冷たさから逃避しているのかもしれない。地上で大切なことは、地下では通用しない。無限に広がる地下の洞穴は彼らにとっては避難場所であり、子どもに戻れる場所でもあるのだ。彼らは、地下に守られ、この「別世界」の魅力にとりつかれ、何度も何度も降りていく。

■地下へ逃げる

地下の迷路は、シェルターのように人を守るだけではなく、人込みの中で自分を見失いそうになる大都市での生活との対称をなしている。——「パリではまだひとりも知り合いがいなかった。でも地下には、口をきいてくれる人がいる。ここへくると、仲間がいる。みんなが自分のことを知ってくれて、自分が単なる番号ではなくなるんだ」

スーパーマンが、日中は目立たない会社員であるのと同じように、カタフィルたちは、地下で続く永遠の夜には、独自のアイデンティティをもつように努めている。この百人から二百人に限定された小世界では、地上でこそいかに目立たなくとも、ひとりひとりがそれなりに「知られた人物」なのだ。このコミュニティに入った者は、非公式の同盟のメンバーとなるわけだ。

「地下には、独特の社会がある」と地上では学生をやっている若者が教えてくれた。「地下はアナーキーの世界なんだ」——そうやって、少なくとも週末には、規則も強制もない自由と闇の世界に出かけていく。親や教師や上司の目が届かない世界に。

強制も規則もない地下社会は、独自の儀式やコミュニケーション様式を生み出している。本物のカタフィルたちは、自分たちにハンドルネームをつけ、上界と下界のアイデンティティをはっきりと区別している。地下では、秘密めいた、重要な、英雄的な、皮肉っぽいキャラクターになり、ピエールやミシェル、ジャン＝リュックやクリストフは、「タンタン」や「ドラキュラ」、「ラヴクラフト」や「ファウスト」と自称する別人に変身する。

もうひとつ独特なのは、「ビラ《トラクト》」による告知である。これはトンネル網の人通りの多い場所に置かれるもので、パンクやアンダーグラウンドのビラと似ており、パーティーやピクニックを予告したり、新しい入口の発見を報告したり、コンクリートを流しこまれてふさがってしまった道とか、洞穴警察のサラット氏への文句が書かれている。詩が載っていたり、大麻を礼賛する文章が載ったり、いかにも反抗期らしい卑猥な絵が描かれていたり、モンスター、ドラゴン、骸骨その他の漫画の世界のモチーフが載っていたりもする。

カタフィルの地下世界は、地上のきらびやかな商品世界、過剰な消費と広告宣伝と刺激とは正反対のものを提供している。洞穴を徘徊する青少年たちは、自分たちにとって重要なものを地下に持ちこみ、タダで楽しめる楽しみを互いに提供しあっているのだ。

■地下の警察、ERIC

だからこそ、「禁じられた遊び」であることは非常に重要な要素である。禁じられたことだからこそ、自由を楽しむ冒険としての醍醐味を味わえるのだ。そのため、カタフィルたちにとって、秩序と法律を代表し、彼らと鬼ごっこをしてくれる相手は必要不可欠である。

鬼ごっこの鬼役を引き受けているのは、警察の一部局である「ERIC《エリック》［☆Equipe de Recherches et d'Interventions en Carriéres＝採石場捜索介入班］」だ。そして、ERICを率いているのは、伝説的なジャン＝クロード・サラット氏である。彼はカタフィルの噂話、パンフレットその他に必ず登場する重要人物だ［☆「人気者」のサラット氏には、二〇〇八年の定年退職の際、「さびしくなるよ」といったメッセージがカタフィルたちから送られている］。

私は、この「隊長《コマンダン》」に、地下ではなく、十八区にある彼の事務所で会った。大きく、太った、ユーモアたっぷりのサラット氏は、この日デスクに向かっていた。オフィスの壁には地下の採石場《カリエール》の写真と、彼が政府要人と握手をしている写真が飾られている。五十代後半の氏は、最初、法と秩序《ロー・アンド・オーダー》の代表者、厳格な警察官として対応してくれた。

＊

「地下での滞在は禁止されています。地下が犯罪の温床だったこともありました。暴力的な人間が、地下観光客を襲い、装備、財布そして衣服を奪ったのです」

――それはいつごろのことでしょうか。

「そうですね、もうちょっと前になりますかね。ただ、ここ何年かはありませんね。そうはいっても、地下には多くの危険があります、考えてもみてください……理工科学校《エコール・ポリテクニーク》の学生が一度井戸に落ちて今では車椅子の生活を送っていますよ。……最近はごみのせいでドブネズミが出てきました。これはレプトピロシスの感染源として危険です。実例ですって？　いや、まだ病人が出たことはないのですが。それから、これはシラクさんもいってたことですがね、地下で窒息したらどうします？　換気扇などない地下の小さな洞穴で、若者がろうそくを何十本も持ちこんだりして、しかもバーナーまで運んできて時には火遊びをしたり。これじゃあ五十人が一時間に必要な酸素はあっという間になくなってしまうでしょう？　そして頭痛や吐き気に見舞われるわけです。照明や音楽のために、発電機を持ちこむやつもいますよ。もちろん、そんなパーティーに甘い顔をすることだってできますよ。ま

◉ジャン＝クロード・サラット
率いるERICによる身元確認。

◉カタフィルに手渡される違反切符。再犯の場合は、高額の罰金がかかる。

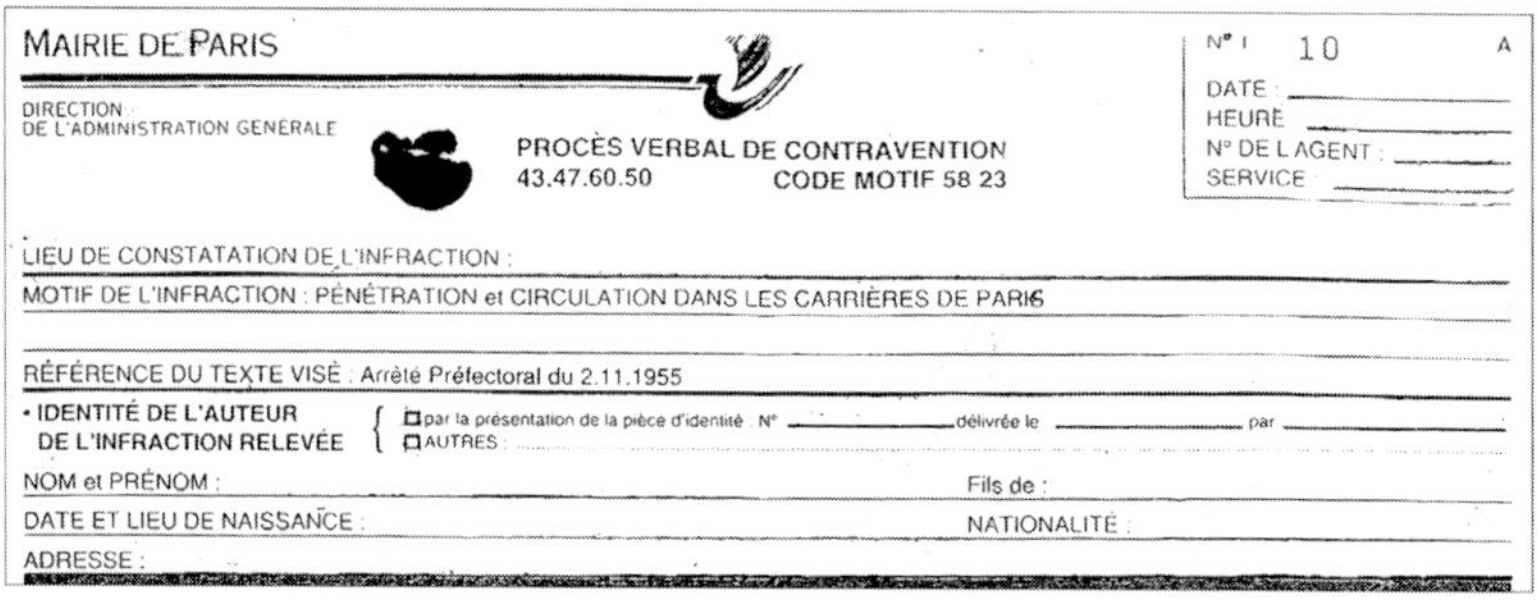

MAIRIE DE PARIS

DIRECTION
DE L'ADMINISTRATION GÉNÉRALE

PROCÈS VERBAL DE CONTRAVENTION
43.47.60.50 CODE MOTIF 58 23

N° I 10 A
DATE :
HEURE :
N° DE L'AGENT :
SERVICE :

LIEU DE CONSTATATION DE L'INFRACTION :
MOTIF DE L'INFRACTION : PÉNÉTRATION et CIRCULATION DANS LES CARRIÈRES DE PARIS
RÉFÉRENCE DU TEXTE VISÉ : Arrêté Préfectoral du 2.11.1955
• IDENTITÉ DE L'AUTEUR DE L'INFRACTION RELEVÉE { ☐ par la présentation de la pièce d'identité : N° ___ délivrée le ___ par ___ ☐ AUTRES :
NOM et PRÉNOM : Fils de :
DATE ET LIEU DE NAISSANCE : NATIONALITÉ :
ADRESSE :

だみんな若いんだから、それぐらいの楽しみならいいじゃないか、ってね。でもね、五十人とか百人とかが酸欠で気絶でもした日にゃ、甘い顔する市民なんていないでしょうね」

――もちろん、これも、あくまでも想定されるシナリオであって、実際にはそんなことは起きていない、とサラット氏も認めなくてはならなかった。だんだん彼の話に熱がこもってきた。

サラット氏は、ありとあらゆる地下に関する文献に目を通し、歴史にも非常に詳しいことがわかった。カタフィルたちのホームページにもすべて目を通しているようだ。そして、次第に「犯罪」だの「処分」といった言葉が出てこなくなり、この「隊長《コマンダン》」は、愛情たっぷりの父親のような口調で、カタフィルたちについて話し始めた。どうも、彼らとの関係も、非常に良好のようだ。

「あんまり派手なことはやらないように、といつもいってやってるんですよ。楽しんじゃいけない、といっているのではない。私たちだって、ある時期はとても若かったんだ。どこかで、そうやって息を抜くような場所があったっていい。地下を散歩するのだって、大それたことを考えてやっていることではないのだから」

――そしてサラット氏は、にやにやしながら続ける。

「ああ、それから、あの古い鉄道駅の入口ね。知ってますよ……あの若いやつらはね、おまわりは甘い、なんて思ってるでしょう。警察は見て見ぬふりをして、なんてやさしいんだろう、ってね。でもね、警察は甘くはない。そしておまわりっていうのは、怖い、意地悪な人間ばかりなんですよ！　あの入口はね、採石場に入りこむことはできても、あそこから入れば、必ずあそこから出なければならない。警察はその気になれば、そこに立って、全員逮捕することだってできるんです！」

——しかし彼には、意地悪な「おまわり《フリック》」役は、少しも似合っていなかった。真顔になっていってくれたのは、やはり、必要となったら、速やかに救助できるようにすることが最優先の目的なのだ、ということだ。パリに、この世界にもまれな地下世界がある以上、若者が冒険にでかけるのも当然のことだ。とはいえ、地下で誰かに出会ったら、身分証明書の提出は求めることにしている、という。

「警察とカタフィルの関係は、矛盾しているのですよ。本当は、地上でもこのような関係が市民と結べたらうれしいことだと思うんです。同じ地下に出入りする者は、やはりそれだけで連帯する。私たちに会っても、みんな、私たちを自分たちの世界の一部として受け入れてくれるんです。だから、信頼関係みたいなものが生まれています」

——サラットさん、もしかしたら、あなたも実はカタフィルの仲間なのでしょうか？（——それは絶対に認められないことのようだ。彼は、すべて仕事でやっていることだ、という）

「ははは。私はね、カタフィルではないですよ。そう、いってみれば「地下の警官《カタフリック》」です！」

——でも、サラットさんの特別隊の略称「ＥＲＩＣ《エリック》」って、オペラ座の怪人の名前ではありませんか？

「おや、そうでしたか！　そりゃ、気づかなかったな」

■新たなる美しき地下世界？

では、これからは？　二十一世紀のパリの地下はいかに？

……未来の構想は、実に理性的で、利便を考えた、夢のないものになりそうだ。ポンピドゥー時代の建設ブームの後［☆ジョルジュ・ジャン・レイモン・ポンピドゥー（1911～1974）は、第五共和政首相（1962～1968）と大統領（1969～1974）を歴任］、パリは密集地となり、高層ビルには高さ制限が導入された。もう空へ向かうことのできない市民は、地下《スーテラン》に目を向けるようになっている。中央市場を取り壊した後に、サン・テュスタシュ教会の足下にあいた大穴は、フォーロム・デ・アールの大きなショッピングセンターに姿を変えた。この建物は地下四階まであり、メトロ四番線の巨大なシャトレ・レ・アール駅と結ばれている。

これに対しクール・ナポレオンにある、ルーヴル美術館の入口は、ガラスのピラミッドに覆われ、商業的にも文化的にも非常にレベルの高いものだ。空港ターミナルのような雰囲気をか

◉古い採石場は、最近ではコンクリートの支柱で補強される。

◉14区、カタコンブに近いオード通りの地下にある狭い坑道。

もし出すこの地下の玄関は、美術館に殺到する人だかりを整理し、振り分ける役目を果たしている。

自動車も最近では地下に進出している。地下数階まで掘り下げた地下駐車場のない広場のほうが珍しいだろう。

そして交通自体も地下を流れている。いくつかに枝分かれしたトンネルがあるほか、ブローニュの森の地下にも環状線の一部が入っている。

九〇年のはじめには、LASER《ラゼール》［☆Liaison Automobile Souterraine Express Régionale = 首都圏高速地下車輛連絡路］というプロジェクトも議論された。三十メートルから五十メートルの深さで、東西南北に町の下をくぐる高速道路を作ってはどうか。――パリ市内の交通渋滞を解決する万能薬、といううたい文句であったが、コストがかかりすぎるため、実現しなかった。

それに対して、北のサン・ラザール駅と南のメゾン・ブランシュ駅の間を結ぶ、メテオール線という新しい地下鉄［☆十四番線］の建設は速やかに実行に移された［☆開通は一九九八年］。未来のメトロ、と銘打たれ、無菌で、未来的なデザインで、ビデオカメラと盗聴マイクを搭載し、ベルシの中央管制塔から指揮される。

同時にパリ東駅《ガール・ド・レスト》とサン・ラザール駅の間には、RER《エール・ウ・エール》、つまり地域急行鉄道網の新しい路線［☆E線］が開設された。RERは七〇年代以後、伝統的なメトロに加えて拡張し続けており、パリと郊外都市の連絡を進めている。この路線も前衛的なデザインが近代的な技術と融合している。だがエオール線の建設のときに、事故があった。一九九五年の冬、パピヨン通りのほとんどに地盤沈下が発生したのだ。

住民はパニックに陥った。建物の崩壊をふせぐため、すべて柱で支えられなくてはならなかった。「地下水によって、石膏の一部が空洞化し、トンネル建設の際にそれらにぶつかることによって地盤崩壊をきたす危険は常にある」と採石場監督局の技師ミシェル・ロワシュはいう。彼はフランス国鉄（SNCF）に、事前にリスクを報告していた。

パリの地下に触手を延ばす「タコ」は、今なお健在なのだ。北部の石膏地域では、いまだに地盤沈下や地すべり、少なくとも壁にひびが入る危険は常にある。石膏山を爆破したときに、すべての洞穴が崩壊したわけではなかったからだ。「まだ多くの空洞が残っているのですが、われわれにはその規模と数と位置がわからないのです」とロワシュ氏はいう。特にモンマルトルは非常に敏感な地域で、中が穴だらけであるため、大型観光バスの乗り入れは禁止されている。

だが、石灰岩の採石場跡でも、いまだにいろいろなことがおきる。「崩壊には二種類あります」と彼は続ける。「まずは、中の支柱が崩壊することによって発生する範囲の広い、突然の崩壊。これは一平方キロくらいの地域に影響を与える可能性があります」――このタイプの事故としては一九六一年郊外のイシレムリノーでおきた地すべりが挙げられる。住宅街が崩壊したときに十四人の死者が出たのだ。だが、犠牲者の数が減ったとはいえ最近でもいくつか例がある。「第二のタイプは、『フォンティ』と呼ばれている非常に狭い地域に影響を与える陥没です。採石場《カリエール》の坑道の天井が崩れ、土砂がそこから下へなだれこみ、しだいに大きくなる空洞が広がっていき、ついに地表が陥没するのです」――これは比較的頻繁に起きることだ、とロワシュ氏は心配そうに額にしわを寄せた。予知は不可能ではないが、そのためには検査担当の部局が採石場の全貌を知らなくてはならない。そのため、IGC《イ・ジェー・セ》［☆採石場監督局（アンスペクシオン・ジェネラル・デ・カリエール＝Inspection Générale des Carrières）の略称］は現在も、地下の地図を作成することを第一の使命と考えている。

驚くべきことに、これほどの時間を経た今ですら、地下の迷路の全貌は知られていないのだ。――「採石場の存在そのものについては知られていていても、その規模についてはわからないことも多いのです」

二百年かけてもパリは秘密を明かさない。

ＩＧＣは毎週、興味のある者に対して、最新の調査結果を提供している。これは、不動産の所有者、それから購入を検討している人々、自分の家の下がどうなっているのか知りたいと思う人々向けのものだ。パリでは、建物の建設許可はＩＧＣの許可なしには下りない。ときどき、ＩＧＣの窓口が空いている時間に、カタフィルが内密に最新情報を得にやってくる。「彼らはすぐにわかりますよ」とカタフィルに好意をもたないロワシュ氏はいう。「ふつうの人なら、一軒の建物の下にしか関心がないのに、すぐに何十枚もの地図をほしがるから」

精密地図を重宝しているカタフィルたちだが、ＩＧＣの地下安定化措置には猛反対をしている。その工法は、洞穴にコンクリートを注入するものだからだ。毎年何万トンものコンクリートが、この大都市の体内に注射されている。坑道間の連絡通路は途絶え、一部の地下網が封鎖されてしまう。――こうして、過去の記録が一部取り返しのつかない形で消えてしまうことを惜しむ声も多いのである。

これで、地下を散歩する人々の時代は終わってしまったのだろうか？　夜の英雄たちが避難することのできる秘密の園は消えて行くのだろうか？　いや、それはまだ先のことだろう。「地下の網《レゾー》」は、飼いならされるには、あまりにも大きすぎる。当面はカタフィルたちの遊び場は消えないだろう。禁じられた旅はしばらく続くだろう。

空想の中のこの地下世界は、無限の広がりを見せている。時にフランスでは非常にステータスの高いバンド・デシネ――「コミック」と呼ぶにはあまりにも惜しい――が、しばしば地下を舞台にした物語を多数取り上げている。「首飾り事件《ラフェール・デュ・コリエ》」（エドガー・ピエール・ジャコブ作）、「地下の神秘《レ・ミステール・デ・プロフォンドゥール》」（ジャック・タルディ作）、「黒い妖精《レ・フェ・ノワール》」（ジャン＝ピエール・ペコ、ダミアン作）などといった作品は、秘密結社、隠された宝物、恐ろしい怪物、カタコンブやレジスタンスなどをテーマとしている。

推理小説にとっても、地下は非常に興味深い。フランスでも非常に有名な推理作家であるディディエ・デナンクスは、『メトロポリス』（1985）という小説の中で、夜のメトロを徘徊する路上生活者《クロシャール》やカリエール・ダメリークの石膏洞穴を取り上げている。

そして映画館では、一九九八年に不滅の『オペラ座の怪人』が封切りになり、ダリオ・アルジェントがこの古い物語を現代風のセックスとホラー仕立てのストーリーとし、怪人の幼児期の心理劇をも盛りこんだ。怪人は、パリの下水溝に捨てられ、ドブネズミに育てられ、そして成人してから、かの有名な地下の湖の近くに居を構えるのだ。

「オペラ座の怪人は本当にいたのだ」とガストン・ルルーは書いている。そう、緑の谷の悪魔《ディアブル・ヴォヴェール》やジャン・ヴァルジャンや「セザール氏」の悪魔と同じように。彼らは、採石場の石工たちや、キノコ栽培の人々や、ジャン＝ポール・マラーやベルグラン、フィリベール・アスペールやフュルジャンス・ビヤンヴニュ、ラ・カグルやロル＝タンギ大佐と同様、地下に憑いてまわるのである。

実話であろうと、空想の物語であろうと、彼らすべてはパリの地下とは切っても切れない存在であり、秘密の空洞や迷路の上に建設された、この年降りた大都市の歴史の一部をなしているのである。

◉パリの地下を管理しているIDC（IGCの別称）は、たいていの入口を溶接して封鎖している。カタフィルがここから侵入するのは至難の技だ。

✴解説——パリの経歴とその石切り場

奥本大三郎

パリの不動産屋で、表のガラスに貼ってある物件を何となく眺めていると、値段などからして、古い石造りのアパルトマンに人気があることが判る。そうした建物には、十八世紀頃に建造されたものも数多いようである。つまり日本式に言えば「築二百年」ということになる。

「築二百年」というのは、考えてみればとんでもなく古い建築物なわけで、木造なら手に入れてからが大変、恐るべき手間と費用が掛かることになる。ところが、地震のない国の石の家屋というものは、それぐらいの年月では、それこそびくともしないらしい。

私の知人がそうした店舗を手に入れ、改装してレストランにすることにした。壁の表面を剥《は》がしてみると、その下にまた厚く塗った壁がある。それをまた削ってみると、白い柔らかな石壁が出てきた。まさにパリの石《ピエール・ド・パリ》である。それで、その石を剥《む》き出しにして額などを飾ると、実にいい味である。なるほど、パリの街はこの石で出来ているんだ、とあらためて感心したそうである。

しかし、パリ全体が石造りであるとすると、こんな石材をかくも大量に、一体どこから運んできたのか。——実は、すぐ足元の地中から切り出してきたのである。

なんと、十二世紀などという古い古い時代から、いや、この地が「古代ローマの属州《プロウィンキア・ロマナ》」と呼ばれた時代から、人々はまさに営々と、アリかハチが巣穴を掘るように地中の石を掘り出してきた。

こうした石切り場を「カリエール（carrière）」と言うのだが、この石切り場《カリエール》がすなわちパリの経歴《カリエール》でもあるわけだ——などという駄洒落は見逃していただくとして、この跡がパリの地下三十五メートルという深いところ、地下駐車場や地下鉄《メトロ》の路線のはるか下に、巨大な空洞となって残っている、というのである。

日本の場合、地面を掘ってみても、江戸、室町はおろか弥生、縄文までの遺跡が、ごく浅い地中から出土するだけである。そして、それらの住居跡などは、皆きれいに土に覆われている。

こうしてすべてのものが覆土され、いわば埋葬されているのは、実にあのミミズという小さな生物の力によるのだが（このことについては、「進化論」のダーウィンが終生興味を抱き続け、優れた研究を残している）、パリのように街全体が石灰岩や石膏の塊というか、岩盤の上に造られている場合、地下から石を切り出すと、その跡がぽっかり空いた空洞となったまま残ってしまい、埋められるということがないのである。

従って永いあいだ石材を求めて掘り続けられてきたパリの地下は、さながら海綿《スポンジ》のように穴だらけであり、その地上に、掘り出した、まさにその石で造られた建築物が載っているのだという。もし地震があれば、と恐ろしい気がするのは、私が日本人だからであろう。

バルザックは、小説『ペール・ゴリオ』の末尾で、パリを大きなミツバチの巣箱にたとえている。

主人公の青年ラスティニャックは、娘たちにしゃぶり尽くされて貧窮のうちに死んだペール・ゴリオを埋葬した後、ペール・ラシューズの墓地の高みから、このぶんぶん騒ぐような、喧騒に満ちたパリの街を見下ろして、「さあ、今度はお前と俺との一騎打ちだ！」と叫ぶのである。

ところが、フランスの石灰岩の崖には、ミツバチの巣箱より、譬《たと》えとしてもっとパリにふさわしい世界が隠されているのである。

石灰岩のいわゆる切り通し、日当たりのいい崖には、適度なその硬さのゆえか、多種多様のハナバチ（ミツバチのようなハチの仲間）が坑道状の深い穴を掘り、巣を造って、ハチミツと花粉を練った団子を、幼虫のための食糧として貯蔵している。

するとそこに、その食糧を食べて肥り、白くでっぷりと脂ぎったハチの幼虫と食糧そのものを狙って、ゲンセイやツリアブなどという昆虫が集まってくる。

ゲンセイは甲虫《こうちゅう》、ツリアブはアブの仲間である。どちらも幼虫は肉食で、寄生生活を送る。ハナバチの地中の巣穴は厳重に戸締りがしてあるのだが、これらの寄生性の昆虫はそれぞれに――あえて人間風に言えば――悪知恵をしぼり、巣穴の中に侵入して卵を産みつける。孵《かえ》ったその幼虫は、ハチの幼虫を殺し、親のハチが貯えたせっかくの食糧を食べて成長する、という次第。その悪辣《あくらつ》さは、ヤクザも三舎を避ける、と言いたくなるほどである。

寄生者たちは実に信じられないような「工夫《くふう》」をして悪事を働き、石灰岩の崖には複雑な生態系が展開するわけだが、その世界を、驚くべき忍耐力と推理、直感を働かせて解明し、独特の魅力ある文章で記したのが、ジャン＝アンリ・ファーブルなのである。

日本にもこうしたハナバチの仲間は産するけれど、寄生性昆虫との鬩《せめ》ぎあいの激しさ、それこそ油断も隙もない関係は、とうてい日本産の昆虫には見られないようである。

その土地の風土によって、そこに棲む人も虫も似たようなことをするように思われるが、パリの地下で繰り広げられたという、犯罪者や宗教家、政治犯、革命家と、それを追及する官憲との力比べ、知恵比べもまた、フランス産の虫のやっていることにそっくりである。その点、日本では虫まで何となく、のんびり、おっとりしているような気がする。

日本では都市といっても、あるいは街といっても、これを外部から劃然《かくぜん》と区別する城壁といったようなものはなく、夜間、刻限を過ぎれば城門を閉ざして人の出入りを禁ずるというようなことはあまりやってこなかったようであるし、他の勢力と闘って負ければ鏖《みなごろし》というような歴史的事件もそれほど知られていない。

すべては水に流し、忘れ去る。屍《しかばね》は土に還らせ、あるいは焼いて灰にしてしまう。

ところがパリは昔から城壁に囲まれた都市であった。時代と共にその城壁は広げられ、街は拡大されていくけれど、人はその中で生まれ、あるいは流入してそこで死ぬ。そしてその死体は街中《まちなか》の墓地に埋められるのである。西欧では、身分のある、またはお金のある人物は、教会の床下に埋葬される。キリスト教の教会は、上から見ると十字架の形をしているけれど、それはすなわち祈りを捧げる場所であり、また墓所ということなのである。

普通の人々は、もちろん墓地の墓穴《はかあな》に文字通り投げ込まれた。そしてその屍体が年々累積していく。十八世紀、革命前の社会の日常を克明に記録したルイ＝セバスチャン・メルシエは、本書にも引用されている通り、パリの墓所のひとつ、イノサン墓地の惨状を記している。

この墓地の隣は中世以来、パリの腹《ヴァントル》、中央市場なのであった。つまり中世以来、パリジャンたちは屍臭の漂うそのまっただ中で食料品の取り引きをしていたのである。

フランス人はかつて、新鮮な肉よりも熟成《フザンデ》した肉の方が味がよい、としていた。鉤《かぎ》に掛けて天井からぶら下げた肉が、腐ってどさりと下に落ちる、その直前が旨いなどと言っていたのだが、その中央市場ではもちろん冷蔵庫などあるわけもなく、暑い季節には腐りかけの肉の臭気に、あたり一帯に漂う屍の臭いが混じっていたらしい。ちょっと掘って死体を投げ込み、申し訳程度に上から土を掛けるだけ——ヴォルテールが批判したというそのありさまを、本書では次のように描写している。


（……）屍体の山は次第に高くなり、医師たちは「大気の汚染」を訴えるようになっていった。——このままではいけない。三百ヶ所を超えるパリの墓地について調査を行った市議会の報告書も、そのすさまじい悪臭を報告し、都心部にある墓地の閉鎖を進言した。それでもひとまず教会はそれに反対した。一千年前から続いて

いる特権を守らなくてはならないからだ。（八十五頁）

なるほど、こうした墓地は教会の収入源でもあったのだ。

しかし、とうとうその中身があふれ出し、隣接する食料庫になだれ込むというような大事件が出来《しゅったい》する。そうなると墓地から大量の人骨を掘り出し、どこかに移送しなければならない。まさか野晒《のざら》しにもできない。遺骨はやっぱり地下へ、となると、パリには地下に絶好の空洞が昔からあったわけで、それがもちろん、すでに石材を掘り尽くした石切り場、というか、その廃坑だったのである。

かくてパリ城外モンルージュの地下一万一千平方メートルの廃坑、トンブ・イソワールに、イノサン墓地に永年埋葬されてきたパリジャンの遺骨が移されることになったわけである。

＊

私も人なみにパリの地下道見学ツアーなるものに参加したことがある。と、いっても下水道の方だけで、これは『レ・ミゼラブル』を読んで以来、一度見ておきたい、と思っていたからで、納骨堂《カタコンブ》の方は恐いから見ていない。パリ市民三十世代分の遺骨、六百万人から七百万人分なぞ見るのはまっぴらである。その代わりナポリで石切り場跡の地下都市は見たけれど、閉所恐怖症気味の私としては、もう二度と行く気はしない。

ところが著者は、文献を克明に調査し、「カタフィル（地下愛好家）」に導かれて実際に地下に潜り、本書を実に行き届いたものに仕上げている。さすがドイツ人、フランスに対して、特にパリに対して愛憎相半ばする優秀な隣人《ヴォワザン》として、おそらくフランス人自身にも書けない客観性のあるルポルタージュをものしている。

■おくもと・だいさぶろう……一九四四年生まれ。仏文学者、作家。東京大学仏文科卒業、同大学院修了。『パリの詐欺師たち』（集英社）、ヴィルマン他『虫の肖像』（東洋書林）をはじめ著訳書多数。現在『完訳　ファーブル昆虫記』（全二十冊、集英社）を刊行中。日本昆虫協会会長。

■人名・事項索引

■地名・施設名索引

■引用文献

＊（　）内は本書掲載頁。

アラン・コルバン『においの歴史』、山田登世子、鹿島茂訳、藤原書店、1990（本書 p84, 127, 139）
ジェラール・ド・ネルヴァル『十月の夜』（ネルヴァル全集Ⅴ）、入沢康夫訳、筑摩書房、1997（本書 p117 ～ 118）
ヴィクトル・ユゴー『レ・ミゼラブル』1 ～ 3（ヴィクトル・ユゴー文学館第 2 ～ 4 巻）、辻昶訳、潮出版社、2000（本書 p10, 15, 34 ～ 35, 127 ～ 129, 142, 146）
ガストン・ルルー『オペラ座の怪人』、長島良三訳、角川文庫、2000（本書 p160, 162 ～ 164）

■参考文献

＊参考のため付した（　）内の邦訳書は、必ずしも本一覧の欧文献を原典としていない。

Marie-France Arnold: *Paris, catacombes*. Paris 1993.
Marc Augé: *Ein Ethnologe in der Metro*. Frankfurt/M 1988.
Laure Beaumont-Maillet: *L'Eau à Paris*. Paris 1991.
Eugène Belgrand: *Les travaux souterrains de Paris*. Paris 1875.
Walter Benjamin: *Das Passagen-Werk*. Frankfurt/M 1983.（邦訳：ヴァルター・ベンヤミン『パサージュ論』第 1 ～ 5 巻、今村仁司、三島憲一訳、岩波現代文庫、2003）
Maxime du Champ: *Paris, ses organes, ses fonctions, sa vie*. Paris 1875.
Delphine Cerf/ David Babinet: *Les catacombes de Paris*. Meudon 1994.
Chateaubriand: *Mémoires d'outre-tombe*. Paris 1994.
Alain Clément: *Les anciennes carrières de Paris. Vocation historique de l'Hôpital Cochin*. Paris 1984.
Alain Clément/ Georges Mantoy: *Les carrières lors de la guerre de 1870 et de la Commune*. Paris 1987.
Olivier Coquard: *Jean-Paul Marat*. Paris 1993.
Alain Corbin: *Pesthauch und Blütenduft*. Frankfurt/M 1988.（邦訳：アラン・コルバン『においの歴史』▶引用文献を参照）
Laurence Costes: *L'étranger sous terre. Commercants et vendeurs à la sauvette du métro parisien*. Paris 1994.
Didier Daeninckx: *Métropolice*. Paris 1985.
David Dufresne: *Sur le quai: la vie dans le métro parisien*. Paris 1996.
Alexandre Dumas: *Les Mohicans de Paris*. Paris 1973.
Alexandre Dumas: *Les Mille et un fantômes*. Paris 1980.
Alfred Fierro: *Histoire et Dictionnaire de Paris*. Paris 1996.（邦訳：アルフレッド・フィエロ『パリ歴史事典』、鹿島茂監訳、白水社、2000）
Catherine Fouré-Marouen（Hg.）: *Paris secret*. Paris 1998.
Pierre Gallissaires（Hg.）: *Das Paris der Surrealisten*. Hamburg 1981.
Emile Gérards: *Paris souterrain*. Paris 1908.
Barbara Glowczewski/ Jean-François Matteudi: *La Cité des cataphiles*. Paris 1983.
Roger-Henri Guerrand: *L'aventure du métropolitain*. Paris 1986.
Eugène Haussmann: *Mémoires*. Paris 1890.
Victor Hugo: *Die Elenden*. Barli 1983.（邦訳：ヴィクトル・ユゴー『レ・ミゼラブル』▶引用文献を参照）
David Jordan: *Die Neuerschaffung von Paris -Baron Hauss mann und seine Stadt*. Frakfurt/M 1996.
Simon Lacordaire: *Histoire secrète du Paris souterrain*. Paris 1982.
Bertrand Lemoine/ Marc Mimran: *Paris d'ingénieurs*. Paris 1995.
Gaston Leroux: *Das Phantom der Oper*. München 1997.（邦訳：ガストン・ルルー『オペラ座の怪人』▶引用文献を参照）
Gaston Leroux: *La double vie de Théophraste Longuet*. Paris 1981.
Léo Malet: *Les rats de Montsouris*. Paris 1982.
Michel Margairaz: *Histoire de la RATP*. Paris 1989.
Niklaus Meienberg: *Heimsuchungen*. Zürich 1986.
Sébastien Mercier: *Tableau de Paris*. Paris 1994.（邦訳：セバスチャン・メルシエ『十八世紀パリ生活誌』上下、原宏訳、岩波文庫、1989）
Sébastien Mercier: *Mein Bild von Paris*. Franfurt/M 1979.
Henri Michel: *Paris alemand*. Paris 1981.
Henri Michel: *Paris résistant*. Paris 1982.
Jehan Mousnier: *Paris 18e arrondissement*. Paris 1985.
Nadar -les années créatrices 1845-1860. Paris 1994.
Nadar: *Quand j'étais photographe*. Paris 1979.（邦題：『私が写真家だった頃』、日本独自編集の『ナダール――私は写真家である』〔大野多加志、橋本克己編訳、筑摩叢書、1990〕に抄訳所収）
Gérard de Nerval: *Die Oktobernächte. Werke II*. München 1988.（邦訳：ジェラール・ド・ネルヴァル『十月の夜』▶引用文献を参照）
Paris et ses réseaux: naissance d'un mode de vie urbain XIVe - XXe siècles. Paris 1990.
Pierre Péan: *Le mystérieux Docteur Martin*. Paris 1993.
Antoine Picon: *Claude Perrault, 1613-1688*. Paris 1988.
John Pinkerton/ Louis Sébastien Mercier/ Carl Friedrich Cramer: *Ansichten der Hauptstadt des französischen Kaiserreichs vom Jahre 1806 an*. Laipzig 1980.
Mario Praz: *Liebe, Tod und Teufel. Die schwarze Romantik*. München 1970.
Henri Rol-Tanguy: *Libération de Paris: les cent documents*. Paris 1994.
Patrick Saletta: *A la Découverte des Souterrains de Paris*. Paris 1990.
Alain Schifres: *Les Parisiens*. Paris 1990.（邦訳：アラン・シフル『パリジャン』、田中梓、フロランス・メルメ＝小川訳、河出書房新社、1999）
Karlheinz Stierle: *Der Mythos von Paris*. München 1993.
René Suttel: *Catacombes et carrières de Paris*. Paris 1986.
Héricart de Thury: *Déscription des Catacombes*. Paris 1815.

■ギュンター・リアー（Günter Liehr）
1949年生まれ。作家、放送ジャーナリスト。1977年よりパリ在住。フランスのマスコミとパリの歴史に関する著作多数。

■オリヴィエ・ファイ（Olivier Faÿ）
1966年生まれ。数学と物理の教職の傍ら、写真家として活動。1990年代からパリの地下をモチーフに作品を制作している。

■古川まり（ふるかわ・まり）
1962年生まれ。翻訳家。1979年よりドイツ在住。マインツ大学で歴史、ドイツ文学、美術史を専攻し、2006年より翻訳事務所を開設。ライター、通訳としても活動中。

パリ
地下都市の歴史

2009年9月30日　第1刷発行
［著者］ギュンター・リアー／オリヴィエ・ファイ
［訳者］古川まり
［装丁者］中島浩
［発行者］成瀬雅人
［発行所］株式会社 東洋書林
〒162-0801　東京都新宿区山吹町4-7 新宿山吹町ビル
TEL 03-5206-7840／FAX 03-5206-7843
印刷・（株）シナノ パブリッシング プレス
ISBN978-4-88721-773-7／
定価はカバーに表示してあります
